an klaus → 04.06.11

Stefan Gärtner

MAN SCHREIBT DEUTSH

Hausputz für genervte Leser

Rowohlt Taschenbuch Verlag

Teile des Buches wurden im Satiremagazin ‹Titanic›
erstveröffentlicht. Sie wurden für den vorliegenden
Band überarbeitet, erweitert oder beides.

2. Auflage Januar 2007

Originalausgabe
Veröffentlicht im Rowohlt Taschenbuch Verlag,
Reinbek bei Hamburg, Juli 2006
Copyright © 2006 by Rowohlt Verlag GmbH,
Reinbek bei Hamburg
Satz Swift PostScript, InDesign bei
Pinkuin Satz und Datentechnik, Berlin
Druck und Bindung Clausen & Bosse, Leck
Printed in Germany
ISBN 978 3 499 62155 0

INHALT

Der Hausputz wird wesentlich erleichtert, wenn man dazu die richtigen Hilfsmittel und Geräte verwendet. Obwohl die Anwendung und Handhabung der meisten Mittel und Geräte bekannt ist, so können doch manche Hinweise hilfreich sein.

www.putzatelier.de

ZUNEHMEND BARBAREN WELT
Eine kleine Anfangsinventur

Stil ist Erkenntnis
Dietmar Dath

Die Götter sind eine Funktion des Stils
Fernando Pessoa

Man soll Bücher ja nicht mit «ich» anfangen, aber das hab ich jetzt schon glücklich vermieden, und also aber nun:

Ich bin ein bißchen empfindlich.

Je nach Blickwinkel und Sympathie nenne man es dünnhäutig oder akkurat, gestört oder genau: Fällt mein Auto durch die TÜV-Prüfung, nehme ich das als persönliche Niederlage, ist nicht abgespült, kann ich nicht einschlafen, hält mir wer meine Fehler vor, höre ich erst gar nicht hin, das würde mich verwirren, und Durcheinander macht mich krank. Schließlich ist mein hochnervöses Fin-de-siècle-Sensorium, ist mein austrainierter Rezeptionsapparat nicht dazu da, sich irgendwelche Vorwürfe anzuhören, am Ende gar berechtigte, ich bitte!

Sondern doch wohl dazu, mir zu ermöglichen, mich als hellwacher Sprachkritiker aufzuspielen und das vorliegende Buch zu schreiben.

Es gibt Menschen, die können Farben hören oder Töne riechen, und ich glaube sofort, daß das, auch wenn es einen in medizinische Fachbücher oder zu ‹Wetten, daß ...?› bringt, kein Spaß ist, spätestens wenn im Autoradio die Toten Hosen laufen. Andere sind empfindlich in Angelegenheiten von Takt, Benehmen und Tischmanieren, und die bezahlen das Talent, auf Opernbällen oder Neujahrsempfängen des Bundespräsidenten problemlos bella figura zu machen, mit dem Angewidertsein, das sie bei einem schmatzenden Tischnachbarn oder einem laut schwätzenden Menschen in der Straßenbahn geradezu körperlich überfällt.

Ich für meinen Teil bin ein empfindlicher Leser.

Das heißt gar nicht, daß ich übermäßig viel lesen würde; wahrscheinlich ist mein Verbrauch an Gedrucktem bloß gehobener Durchschnitt. Ich habe ein Fernsehgerät und zwei Geräte zum Abspielen von Konserven, damit lassen sich Abende recht gut hinbringen. Aber auch aus dem Fernseher kommen ja Texte: die der Lottofee oder die eines Korrespondenten der ARD, und wenn man sich erst einmal eine gewisse Text- und Sprachempfindlichkeit eingefangen hat, wird es, gerade vor dem Fernsehapparat, sehr schnell sehr anstrengend: *Plünderungen sind nicht nur an der Tagesordnung, sie sind die Regel* – und das ist nun der Nachteil von einschlägiger Idiosynkrasie: Du kannst nicht einfach weghören. Und umschalten schon gar nicht: *Die Flugpassagiere nach London sind erschüttert, aber dennoch gelassen* (ZDF spezial nach den Terroranschlägen von London). Wenn du Glück hast, wird der Unsinn wenigstens komisch: *Dieses futuristische Gefährt kommt zwar nicht vom anderen Stern, aber dafür aus der Schweiz* (DSF ‹Motorvision›).

Aber da muß man sich als Leser auch nicht wundern, daß im Fernsehen soviel Blödsinn dahergeplappert wird; vielleicht soll einer besser eine gute Tageszeitung lesen, wenn er schon so großartig allergisch ist: *Hochwasser verwüstet Alpenregion* (‹Frankfurter Rundschau›), du liebe Güte, das ist ja kein bißchen besser: Viel Wasser, das eine Region zur Wüste macht! Und auch die ‹taz› ist gern mal allergen: *Prenzel verhielt sich wie ein schwer zu deutendes Orakel*, ja, wie soll er sich denn sonst verhalten: wie ein gut verständliches Orakel, das keine Fragen offenläßt? Und selbst die solide ‹Süddeutsche Zeitung› läßt letzthin immer mehr durchgehen: *Bruno Schrep ist in Wiesbaden geboren, und gelegentlich schreibt er über Themen aus der Hessen-Stadt*, na, da ist die Redaktion in der Bayern-Stadt naturgemäß begeistert.

Wer nun aber glaubt, ein Gang in den Buchladen biete Linderung, der war wohl länger nicht mehr da: *Sie sagte es so, als sei es ein Geschenk, über das er dankbar sein müßte* (Rainer Merkel, ‹Das Gefühl am Morgen›), ich bin ja über vieles dankbar, aber für so etwas muß ich wohl erst mal nachdenken. Wie am «Info-Screen» im U-Bahnhof schon gar kein Vorbeikommen war: *Da strahlt doch was ... Schwach strahlende Behälter in Wiesbaden gefunden – Herkunft unklar*, schade, daß es diese Screens nicht schon vor 20 Jahren gab: *Da strahlt doch was ... Schwerer Reaktorunfall in Tschernobyl* – gehen wir halt zum Friseur und blättern in der überhaupt sehr notwendigen Zeitschrift ‹Healthy Living›: *«Winter»-Sport tut gut*, danke, Frollein, «stimmt» so. (Und apropos U-Bahn: Neulich war ich in Hamburg, und in der U1 hing das Werbeposter eines sog. ‹Regalecenters›: *BOCK auf HOLZ? Wir zeigen den Größten Auswahl von Holzschubladen-Betten und schwedischen Qualitätsmatratzen*, na ja, der Kunde ist halt König.) Also lieber zurück nach Hause und grundlos auf die Sportnachrichten hoffen: *Am meisten hungrig und durstig auf den Sieg war heute Alvez*, wie meinen? *Für Riquelme ist Fußball eben nicht nur Sport, sondern auch Kunstgewerbe* – und sehen Sie: Hier fängt's mich dann langsam an zu jucken.

Denn immerhin das hat Sprache mit dem DFB-Pokal gemein: daß sie ihre eigenen Gesetze hat. Bei Übertretung wird, wie beim Fußball, gepfiffen, und zwar, anders als beim Fußball, nicht allein von irgendwelchen Regelwächtern, sondern von ihr selbst. Es ist ein leiser Pfiff, den nur die Aufmerksamen hören, weswegen auch nach den gröbsten Fouls gern weitergespielt wird. Überhaupt ist der Respekt vor ihr gering. Auf den Gedanken, sie sei des Respekts würdig, kommt erst keiner. Im Sekunden- oder doch immerhin Minutentakt kriegt sie auf die Knochen. Jeder Verteidiger in der Bezirksoberliga ist da besser dran.

Daß alles immer schlimmer wird, hat sich womöglich herumgesprochen; daß von der Gedanken- und Rücksichtslosigkeit in Sprachangelegenheiten, von der Karl Kraus Zeugnis gab, nicht nur alles übriggeblieben ist, sondern um Radio und Fernsehen und Internet vielfach verstärkt auf uns einbrummt und -hämmert, darf jeder täglich sehn und hören, den es noch etwa kümmert. Dabei geht es nicht um den Fehler als solchen, den jeder macht und machen kann, sondern um eine Denkfaul- und Beschränktheit, die sich nur zu gern aus dem Kleinen Wortbaukasten bedient, weil der Große zu teuer ist – man müßte ihn mit Zweifel, am Ende Skrupeln bezahlen – und der Kleine es ja schließlich auch tut, nicht wahr; kann man sogar Chefredakteur beim ‹Stern› mit werden.

Dabei läge in der sprachlichen Vorsicht, in der Hemmung und im Zaudern nicht nur ästhetischer, sondern auch moralischer Gewinn; wie sich Kraus stets gegen den Vorwurf gewehrt hat, sein Insistieren auf gutem Deutsch sei intellektuell-ästhetisches l'art pour l'art: «Wäre denn eine stärkere Sicherung im Moralischen vorstellbar als der sprachliche Zweifel? Hätte er denn nicht vor allem materiellen Wunsch den Anspruch, des Gedankens Vater zu sein? Alles Sprechen und Schreiben von heute, auch das der Fachmänner, hat als Inbegriff leichtfertiger Entscheidung die Sprache zum Wegwurf einer Zeit gemacht, die ihr Geschehen und Erleben, ihr Sein und Gelten, der Zeitung abnimmt. Der Zweifel als die große moralische Gabe, die der Mensch der Sprache verdanken könnte und bis heute verschmäht hat, wäre die rettende Hemmung eines Fortschritts, der mit vollkommener Sicherheit zu dem Ende einer Zivilisation führt, der er zu dienen wähnt ... Den Rätseln ihrer Regeln, den Plänen ihrer Gefahren nahezukommen, ist ein besserer Wahn als der, sie beherrschen zu können ... Denn größer als die Möglichkeit, in ihr zu denken, wäre keine Phantasie» – aber noch größer müßte die Phantasie sein, sich einen deutschen Durchschnittsjournalismus in dubio vorzustellen, der nicht nur auf Ästhetik, sondern auch auf eine funktionierende Vaterbeziehung was gäbe und nicht minütlich und stündlich draufloswalkte, daß es nur so staubt: *Der Testballon, der da am Montagabend in Leipzig über die Demonstranten gegen Hartz IV segelte, ist zwar nicht geplatzt, aber er präsentierte sich – im Verhältnis zur politisch-medialen Aufregung vorweg – reichlich schlaff* («Frankfurter Rundschau») – da könnten wir jetzt großzügig sein und das in der Schublade «Stilblüten» ablegen, denn an dem Satz ist «nicht nur alles falsch, sondern so vieles, daß man es auf zweieinhalb Zeilen gar nicht für möglich hält» (Eckhard Henscheid, ‹Geht in Ordnung – sowieso – – genau – – –›): Erstens kann ein schlaffer Testballon nicht segeln, zweitens wäre ein solcher, wenn er's denn könnte, nie in der Gefahr zu platzen, und drittens ist, wenn die Metapher überhaupt erlaubt ist, die Demo selbst der Testballon und kann aber gar nicht über sich selbst fliegen, das hätte auch Einstein kaum hingekriegt – aber solche am Grotesken siedelnden Gedankenlosigkeiten sind ja direkt Standard, nicht nur bei der ‹Rundschau› (bei der aber besonders, da ist metaphern- und katachresenmäßig der Hintereingang seit je weit offen), sondern überall, wo's die Journalistenschüler und Soziologiemagister nicht auf die hohen Rösser von ‹FAZ›, ‹Süddeutscher Zeitung› oder ‹Zeit› gebracht haben, dahin also, wo die Welt noch in Ordnung ist, jedenfalls meistens bzw. tendenziell – sofern sich ‹FAZ›-Hauptreaktionär Stefan Dietrich nicht bildstark durch seine Leitartikel lärmt: *Wo aber tatsächlich versucht wird, den Rechtsextremen das Wasser abzugraben, pfeifen die Linienrichter der politischen Korrektheit noch immer das Spiel ab* (8.2.05), was selbst überkorrekte Linienrichter mangels Pfeife nur in äußersten Ausnahmefällen tun (sofern sie bei Wetterverhältnissen, die Drainagemaßnahmen erfordern, überhaupt antreten). Aber gepfiffen werden muß: *Weißrußland, das die USA als «Außenposten der Tyrannei» bezeichnet* (‹Süddeutsche›, 23.2.05) – das wäre mir neu. Bzw. fast schon originell und auch wahrer, als wir es vom Herrn Lukaschenko gewohnt sind. Gemeint (fast hätte ich geschrieben: natürlich!): das Gegenteil. Manche Länder sind halt Mehrzahl; wie es ja grundsätzlich gerne auf Kleinigkeiten ankommt. Und im Fußball auch nie die Niederlande ein Tor schießt, nicht einmal gegen Deutschland.

Aber ich höre Sie schon einwenden: «Ja schön, aber das scheint mir nun ausgesprochen kleines Karo zu sein! Gut, ein Linienrichter hat keine Pfeife, manche Länder sind

Mehrzahl, und schlaffe Testballons platzen nicht – also, mir ist gestern die Kaffeemaschine explodiert, wegen eines blöden Gerätes für 15 Euro muß ich jetzt die ganze Küche tapezieren lassen, Sie sehen, guter Mann, ich habe andere Probleme, Probleme von weit größerer Tragweite, wenn Sie mir die Bemerkung erlauben!»

Natürlich. Aber erstens bin ich, was das Sprachliche angeht, nicht ganz gesund bzw. neurasthenisch, und zweitens darf ich, excusez, darauf beharren, daß es überhaupt die Kleinigkeiten sind, die sprachliche Qualität ausmachen: weil sie zeigen, wie genau der Schreibende nachgedacht hat. Und ob überhaupt. Denn das ist ja nicht ganz ungefährlich, wenn die, die uns mit Informationen füttern, am Ende nicht nachdenken; und Ihrem Zahnarzt sind Sie schließlich auch dankbar, wenn er am Nerv vorbeibohrt, und sei es nur um den entscheidenden Millimeter.

So bin ich durchaus der Überzeugung, Reporter sollten nicht ständig von *verheerenden Verwüstungen* reden, weil eine Verheerung eine Verwüstung ja schon ist, wie jeder, der will, in Chroniken des Dreißigjährigen Krieges nachlesen kann. Und wenn ein Wirbelsturm Haiti verheert, ist das so schlimm, daß man's nicht noch schlimmer braucht: *Die Menschen müssen verschmutztes Schlammwasser trinken.* Wo schon nicht mitgeteilt wird, welche Verschmutzungen einem doch a priori nicht sehr appetitlichen Schlammwasser den Dreh ins hygienisch absolut nicht mehr Tragbare und restlos Inhumane gaben und wo im Endeffekt das ganze saubere Schlammwasser geblieben war.

Wie ich auch solche Sätze nie verstehe: *Im Pelzhandel brachen die Umsätze dramatisch ein* (Arte, 16.11.04) und *Ein in die Trapperhütte eindringender Grizzly hat die Hütte komplett verwüstet* (ebd.), die ja leider nie von Sätzen wie «In Dortmund ist ein Kind beim Eislaufen ein bißchen ertrunken, nachdem es ein bißchen eingebrochen war, woraufhin die Mutter vor Gram ihr Schlafzimmer ein bißchen verwüstete» gekontert werden. Schön wär's nämlich.

Denn wahr bleibt, daß kaputte Sprache kaputtes Denken nicht nur verpetzt, sondern auch bedient. «Sprache dichtet und denkt nicht nur für mich, sie lenkt auch mein Gefühl, sie steuert mein ganzes seelisches Wesen, je selbstverständlicher, je unbewußter ich mich ihr überlasse» (Victor Klemperer, ‹LTI›), und nichts ist sprachzerstörender (oder -verheerender!) als das Phrasenwesen, von dem unser zeitgenössischer Journalismus zu vier Fünfteln lebt und das sich im Sprachgebrauch der arglosen Konsumenten ad infinitum reproduziert. Nehmen wir einen Satz, wie wir ihn übers Jahr wohl tausendmal zu hören kriegen: *Erneut gab das Gabriel-Ministerium grünes Licht* – in so einem Satz, in dieser garantiert ohne jedes Zögern und Zaudern hingeworfenen Addition aus Passepartout-Vokabular (*erneut*), Stummelsprech (*Gabriel-Ministerium*) und einer längst tausendfach toten Metapher (*grünes Licht*) ist nichts mehr Gedanke und alles Phrase; und wer einmal Orwell gelesen hat, der ahnt vielleicht, warum unser zeitgenössisches Neusprech nicht einfach eine Läßlichkeit ist, ein bißchen doof zwar, aber auch nichts, wovon die Welt untergeht, eben wie ein Steuerformular oder Mathias Richling.

Denn mit ein bißchen Aufmerksamkeit fällt auf, wie schnell die Nachlässigkeit zur Gewohnheit wird und sich flugs ins System allgemeiner Gesamtphraserei fügt, in dem gestanzt und nicht gedacht wird. So daß immer alle sagen, was alle sagen; und ein Fernsehreporter, ist er nur lange genug dabei, bevorstehende Massenentlassungen bei Opel problemlos für *notwendige Einschnitte* halten kann, in einem der wenigen Nebensätze, wohlgemerkt, nicht als kommentierende Einlassung, sondern als Tatsachenfeststellung: *Die vielen tausend Arbeiter, die gegen die notwendigen Einschnitte auf die Straße gegangen sind*, weil er Einschnitte schon nicht mehr anders kennt als eben *notwendige*. Ein anderer Fernsehkollege nennt einen Kommunisten, der im Zuge eines Geschichtsfernsehhäppchens aus der Bewußtseinsfabrik von G. Knopp zu den Vergewaltigungen deutscher Frauen durch Rotarmisten sich den Hinweis erlaubt, in Rußland hätten die Männer dieser Frauen schließlich schlimm gewütet, umstandslos einen (kommunistischen) *Mitläufer*, weil er gespeichert hat, daß jeder, der mal irgendwie kommunistisch war, entweder Verbrecher oder eben Mitläufer war, tertium non datur. Und ein dritter denkt im Zusammenhang von Berlin und Mauer und Kaltem Krieg keine Halbsekunde über die mindestens Doppelwertigkeit des Begriffs «Freiheit» nach, so daß Ostflüchtlinge nie in den Westen, sondern immer *in die Freiheit* geflüchtet sind, ohne daß genauer verfolgt würde, wie sie ihnen bekommen ist. Und nach Dienstschluß geht der Redakteur (oder die Redakteurin) dann nach Haus, und an wie vielen Pennern, die seine Freiheit hinterlassen hat, er auch vorbeistapft: Er merkt nichts. Gar nichts. Wo käme er da hin. Und unterscheidet sich insofern von einem DDR-Journalisten, der hin und wieder geahnt haben dürfte, daß «wirksamer Schutz der Staatsgrenze» auch eine Übersetzung für «Leute totschießen» war. Hierzulande sagen alle ihr Sprüchlein von den *notwendigen Reformen* auf, und das ist dann die viel-besungene Freiheit.

Wie konditioniert das Publikum durch den täglichen Phrasenschwall ist, bewies im 05er Jahr ein zufälliger Blick in den ‹Scheibenwischer›, dessen Konsumenten sich wahrscheinlich für wunder was wie aufgeklärt halten und in dem der «preisgekrönte Kabarettist» (ARD) Frank Lüdecke sich am hochheiklen Pisa-Thema versuchte: *Unser Bildungssystem muß dringend reformiert werden. Die Amerikaner haben Eliteuniversitäten: Yale, Harvard, Berkeley. Und was haben wir? Gesamtschule Max Liebermann.*

Das saß. Das Publikum johlte. Es war ihm – wie dem Vortragenden auch – egal, nicht aufgefallen oder beides, wie unerhört unsinnig, wie überdies reine Propaganda der «Witz» war, der für den einen oder anderen der Esel, die da im Publikum vor Wonne ächzten, schon bald häßliche Wirklichkeit werden kann. So weit ist es schon, daß irgendeins nur «Gesamtschule» sagen muß, und der Bildungsbürgerpöbel liegt flach.

Der Trend zur Verflachung, Versimpelung und Klischeehaftigkeit, dem auch der gemeine Sprachbenutzer, ohne daß er's im Zweifel merken würde, unterliegt: aufzuhalten ist er nimmer. Und man schimpfe mich ruhig konservativ (machen Sie nur, Mutti freut's!), aber schön ist was anderes: *Von daher kann ich das nicht nachvollziehen* – so lange ist das noch nicht her, daß ein solcher Satz als eo ipso parodistisch, weil über Gebühr sozialarbeiterhaft verstanden worden wäre. Heute schreiben sie sogar so: *Hannes Stöhrs heitere Episoden-Utopie ‹One Day in Europe› über die Suche nach einem gesamteuropäischen Lebensgefühl traf den Ton und die*

Stimmung des Filmfests ziemlich gut und sollte schon von daher Chance auf einen Preis haben (Andreas Borcholte, ‹Spiegel›), von daher hätte aber ein simples *daher* auch gereicht, was man sicher nachvollziehen kann.

Wie ja allgemein sehr großzügig *nachvollzogen* wird, und zwar nicht nur Reiserouten oder Gedankengänge, sondern schlichtweg alles, was man auch ganz einfach verstehen könnte; oder eben nicht. Verstehen, begreifen, kapieren, nachempfinden, durchschauen: wo nicht ausgestorben, so doch scheintot und höchstens noch in den Hochkulturreservaten der Großfeuilletons zu Hause. Und wie griffig und klangvoll die ex-juvenilen schnallen, raffen, checken und durchblicken gewesen sind, merke ich erst, seitdem sie sich gleichfalls verflüchtigt haben, dem allgegenwärtigstupiden *nachvollziehen* das Feld zu räumen. Was ehedem verständlich sein durfte, ist heute eklig *nachvollziehbar*; und wieder höre ich den kritischen Leser einwenden: «Na und? Ist das denn so schlimm? Ist es nicht gut und schön, wenn immer wieder neue Wörter auftauchen und sich durchsetzen? Würden wir sonst nicht immer noch so reden wie zu Goethes Zeiten? Und, nebenbei: Können Sie tapezieren? Meine Küche, Sie wissen ja ...»

Da kann ich noch eher tapezieren als mir vorstellen, daß in Anbetracht von Trash-TV und ‹Bild›-Zeitung (*Der Porno-Trompeter – was tat er der kleinen Ina an?*) eine Rückkehr zum Deutsch der Goethezeit als großes Unglück erscheinen müßte; aber darum geht es auch nicht. Es geht um den Verlust von Vielfalt, um den Zug ins Eindimensionale und Infantilistische, von dem ich nicht glaube, daß er geistiger wie gesellschaftlicher Freiheit dienlich ist.

Aber ich gehöre ja auch zu den Leuten, die den alternativlosen Gebrauch des Adverbs *erneut* für ein mittelgroßes Unglück halten: *abermals, aufs neue, von neuem, noch einmal,* selbst das simple *wieder* – tendenziell perdu, vom allgegenwärtigen *erneut* zur Strecke gebracht; aber wer hat heute noch Ohren, die Nuance zwischen *wieder* und *abermals* überhaupt wahrzunehmen. Schön, daß das in Zukunft nicht mehr nötig sein wird.

Deren avancierte Forschung hoffentlich Sätze rechtfertigt wie *Er wird zunehmend dünner,* denn der sprachliche Schlankheitswahn hält ja an: *Die Requiem-Aufführungen des Kreuzchores und der Staatskapelle oder der Dresdner Philharmonie im Kulturpalast wurden zunehmend wichtig ... Mögen auch die Haßdeutungen der Nationalsozialisten, DDR-Funktionäre oder nun Neonazis mit ähnlichen Topoi arbeiten und Dresden in diesem Jahre erneut Aufmarschplatz eines medial verstärkten rechtsradikalen Gesinnungstourismus werden, so gilt doch zunehmend, was Matthias Neutzner als bester Kenner der privaten Erinnerungskultur als Verschiebung «vom Anklagen zum Erinnern» beobachtet hat* – selbst für die in Sprach-, Kultur- und Nationalangelegenheiten stets etepetetige ‹Frankfurter Allgemeine› reguläre Sätze, trotz alter Rechtschreibung und allem; die auch nicht ganz unkorrupte *Erinnerungskultur* noch gar nicht eingerechnet. Und das ist kein Zufallsfund, man muß nur mal drauf achten: *Ein ganz einfacher Effekt, den wir alle kennen, verhilft dem Massenmörder [Stalin] zu der steigenden Anerkennung in Rußland, die hierzulande nicht nachvollziehbar erscheint: der Werbeeffekt ... Da es nun einmal Stalin gewesen ist, der den Großen Vaterländischen Krieg, wie die Russen den Zweiten Weltkrieg nennen, gewonnen hat, findet auch er zunehmend oft Erwähnung* – wie die Russen den Zweiten Weltkrieg nennen, muß dem klugen Kopf hinter der ‹FAZ› also noch erklärt werden; und zwar – also wirklich! – *zunehmend oft*. Herrje. Für mich immer öfter nicht nachvollziehbar.

«Wir spielen immer nur dasselbe / du sagst, es wär' zwar nicht das Gelbe / doch wir spieln immer nur dasselbe / bei anderen Gruppen, da wechselt der Schlagzeuger manchmal den Takt / das gibt's bei uns nicht, das wär' für uns ein viel zu großer Akt» (Rodgau Monotones): Passiert etwas vorher, passiert es *im Vorfeld*, ist jemand an Ort und Stelle, ist er *vor Ort*, und nehmen wir ruhig an, daß neun von zehn Profis den Ursprung dieser Metaphern nicht kennen oder diese als solche schon gar nicht mehr wahrnehmen; wobei dann so seltsame Bilder herausspringen wie *«Das ist ein richtig guter Film», lehnt sich Joachim Król schon im Vorfeld aus dem Fenster* (‹FAZ›). Warten wir, bis *vor Ort* mal wer einschläft, könnte gut sein, daß er dann nicht mehr aufwacht.

Ein anderes einschlägiges Phänomen hat sich vom Boulevard *(Balkon-Blick auf Camilla-Hochzeit)* über den ‹Spiegel› *(der Schröder-Vertraute und Kanzler-Freund)* nach oben gearbeitet und verantwortet jetzt die Abwicklung einer ganzen grammatischen Abteilung, was dem Erfolg des Deutschen, pardon: dem Deutsch-Erfolg als Weltsprache sicher bekommen wird: Aus der Flagge Irans oder der iranischen Flagge wird auch in der ‹Zeit› wie automatisch eine *Iran-Flagge*, die ‹Süddeutsche› fragt zum Konkurrenzkampf zweier Torhüter: *Wie kommen die beiden Kahn-Patzer gegen Köln in die Wertung? Zählen sie mehr als ein Lehmann-Fehlgriff unlängst gegen den FC Liverpool?* Und daß es der ‹Spiegel› in seiner Netz-Ausgabe noch hemmungsloser treibt als am Kiosk, ist eh klar: *Der Bush-Besuch zwingt manchen Wiesbadener zu Aufräumarbeiten ... Sicherheitsvorkehrungen dominieren die Vor-*

bereitungen für die Bush-Visite ... In Mainz hatte die Werner & Mertz GmbH, die dort mit rund 450 Beschäftigten unter anderem Schuhcreme und Putzmittel herstellt, nach Angaben einer Sprecherin sogar erwogen, das Werk für den Tag des Bush-Besuchs ganz zu schließen. Das dortige Nescafé-Werk des Lebensmittel-Konzerns Nestle sieht das größte Problem in der Aufrechterhaltung der Logistik während des Bush-Besuchs. Der gesamte Lastwagenverkehr werde auf die Zeit außerhalb der Bush-Visite verlegt, sagt Werksleiter Stefan Klaus usw. usf., später kommt es dann sogar noch zu vergleichsweise originellen *Bush-Fahrtrouten* (die an die schon etwas älteren, dafür aber unschlagbaren *Bush-Krieger* bei weitem nicht heranreichen) – auch hier natürlich kein Gedanke daran, daß, so knallig und kurz und groovy das kommt, en passant der Genitiv wo nicht abgeschafft, so doch in seinem Herrschaftsbereich einigermaßen eingeschränkt wird. Denn nicht nur der Dativ ist dem Genitiv sein Tod.

Das kann, wer will, gerne als Internet-Journalismus durchgehen lassen, der ja nun schnell gehen müsse, da dürfe man nicht kleinlich sein – *EU will Lukaschenko-Sieg prüfen*, na eben –, einmal ist noch allemal keinmal, und der Kollege hat's sicher eiliger gehabt als die Bush-Berichterstatter (hui!) der gedruckten Ausgabe, denen nur eine *Bush-Reise* gelang (wogegen es der Eckhard Kauntz in der ‹FAZ› schon zweimal packte). Aber um Statistik und Strichliste geht's ja nicht, sondern um den Verdacht, daß viele, allzu viele, die mit dem Textverarbeitungsprogramm ihr Geld verdienen, gar nichts anderes mehr können noch kennen als Stummeldeutsch hie und, gewissermaßen ausgleichshalber, Blähjargon da: *Zielsetzung, Erwartungshaltung, Stimmungslage, kontroverse Diskussion* – und, am schlimmsten: auch gar nichts dabei finden. So daß nach dem Hinschied des Papstes Wojtyla (also dem *Papst-Tod*) sowieso von *Papst-Testament*, *Papst-Nachfolger* und dem *Papst-Attentäter* die restringierte Rede war; und die am 1. Juni 2005 in der ‹Frankfurter Rundschau› erschienene Unterüberschrift: *Kaum mehr nachvollziehbare Bewußtseinslage: Adolf Endler leert seine Schubladen* mithin als höchstens halbgelungen gelten kann: *Endler-Schubladen geleert*, na ja, vielleicht beim nächstenmal.

Und dann kommt das Fernsehen und tut, was es kann:

20 JAHRE
KASTELRUTHER SPATZEN FEST

war der Titel einer Volksmusikshow in der ARD. Das übliche Inferno zur besten Sendezeit, natürlich, aber dafür ist es ja öffentlich-rechtliches Fernsehen. Daß der Titel der Sendung – Regie, kann ich das noch mal kriegen? – danke:

20 JAHRE
KASTELRUTHER SPATZEN FEST

sich dann auch keine Mühe mehr gab, die endgültige Auflösung alles verstandesmäßig Seienden in Wahn und Werbedumpfheit zu besiegeln, mag da sogar für Konsequenz gelten; aber auch hier meine Überzeugung, daß das nimmermüde Hin zur Atomisierung von semantischem und also allg. Sinn längst tausendfach unbewußt in dem, was da gerne Kopf heißt, Platz genommen hat. Und dafür ist, glauben Sie's ruhig, der mähliche Verlust des ordnenden, zusammenhangstiftenden, logikbildenden Bindestrichs Metapher und Menetekel zugleich.

Daß in Handel und Firmenwesen aus optischen Gründen gerne auf den Bindestrich verzichtet wird und der Rowohlt-Verlag sich also *Rowohlt Verlag* nennt: gut, seine Sache, wenn es weiter nichts ist und dem Geschäftsklima förderlich. Daß die Werbung (wofür sie, recht betrachtet, ziemlich lange gebraucht hat) auch auf den Trichter gekommen ist und es u.v.a. einen *Frucht Joghurt* von Weihenstephan, aber auch *Mini Preise* der Air France gibt, ein (da wissen die Kleinen gleich Bescheid) *Lernspaß Haus* von FisherPrice sowie ein leider nur halbherziges *Online Fitness-Studio* der Fa. Milchschnitte, ist zwar hochgradig häßlich, aber nur natürlich. Daß dieser Dreh ins infantil Häppchenhafte und Zusammenhangsfreie aber sofort ins Offiziöse, Öffentlich-Rechtliche Einzug hält, durch den durch nichts als Reklamebewußtsein motivierten Zeilenfall sogar noch verschlimmert:

**20 JAHRE
KASTELRUTHER SPATZEN FEST**

– das möchte ich dann doch zur Anzeige bringen. Der MDR stand, das ehrt ihn direkt wieder, schon bei Fuß und streute in eine Fernsehdokumentation über DDR-sozialistische Ernteschlachten erklärende Schnipsel à la *DDR Volkskammer*, *DEFA Dokumentarfilm* und *DDR Fernsehen*, und daß der Film das angestrengte und anstrengende Mähdreschen der Erntebrigaden mit einer so penetranten wie völlig sinnlosen Herablassung zeigte, machte es nicht besser, allenfalls einleuchtender. Keine Überraschung auch, daß Fernsehformate vom Zuschnitt eines ‹N24 Automagazins› mitziehen und nach Kräften *BMW Fahrer* präsentieren, Springers Kettenhund einen *Taxi Schein* erfindet und das stets aufmerksame ‹Journal Frankfurt› das neue Buch des Frankfurter Bücherschreibers Andreas Maier unter *Frankfurt Roman* ablegt. Schon eher erstaunlich, daß sich in H. Breloers Bildungsfernsehschinken ‹Speer und er› die Praktikanten, ohne daß es wen gestört hätte, beim Schildermalen austoben durften: *Abgeordneten Büros.* Und auch die ‹FAZ› schreibt neuerdings über *Independent Musik*, aber doch sicher sehr aus Versehen. Da ist man fast schon dankbar, wenn eine Tanja Rest in der ‹SZ› strichtreu von einem *Nazi-Deutschlandknast* berichtet; und natürlich den Nazideutschland-Knast meint, in dem Sophie Scholl ihre letzten Tage verbrachte.

Aber den Versuch war's wert.

Und immerhin das müßte man der Rechtschreibreform vorwerfen: mit ihrer Großzügigkeit in puncto *Rechtschreib-Reform* die allmähliche Liquidierung des Kompositums (und seine Ersetzung durch die neolingualen *Bush-Besuche*) mindestens hinzunehmen, wo nicht zu befördern. Wenn sogar die Großdeutschen mitmachen und im Frankfurter Hausblatt Anzeigen schalten wie: *Geliebt und unvergessen: Major im Kavallerie Regiment 3 Edgar Freiherr von C. Er gab sein Leben für Deutschland ...*[*]

«Jetzt hören Sie mal», das ist der Mann mit dem Tapetenproblem. «Es mag ja sein, daß Sie bis hierhin recht haben.

---

[*]   Im schwäbischen Giengen a. d. Brenz gibt es nicht nur eine *Walter Schmid Halle,* sondern auch bereits eine wegweisende *Hohenzollern Straße;* ich habe es selbst gesehen.

Es wird viel dahergeplappert heutzutage. Da brauchen Sie nur im Baumarkt in der Tapetengasse den Tapetenfachverkäufer – –, egal, aber ich darf Ihnen doch empfehlen, sich lieber mit der schönen Literatur zu beschäftigen. Die bildet den Geist und den Geschmack, und apropos Geschmack: Rauhfaser oder Stofftapete? Ich bin ja mehr für Stoff, ist mal was anderes.»

Hier hat unser Mann gleich doppelt unrecht: Erstens hat eine Stofftapete, weil schlecht abwaschbar, in einer Küche nichts verloren, und zweitens bildet zeitgenössische deutsche Literatur den Geschmack meist nur insoweit, als man hernach sicher weiß, was man in Zukunft bestimmt nicht mehr lesen will. Wer zweimal im Jahr durch die Programme der Literaturverlage blättert und mal das eine oder andere Rezensionsexemplar anfordert, gelangt schnell zu der faszinierenden Erkenntnis, daß wirklich jeder Ramsch gedruckt wird; oder jedenfalls so gut wie. Im Ernst! Und solange aber so gut wie alles gedruckt und dann brav weggelesen wird, ist ja mindestens im Sinne einer funktionierenden Marktwirtschaft alles rund, gesund und tadellos. Wer sich da noch beschwert, ist selber schuld.

Ich tu's natürlich trotzdem.

Und sei's nur solcher Sätze wegen: *Das Köcherinstrument Sprache, das ist letztlich das Unmögliche, das Verunmöglichte*, und da hat er ausnahmsweise recht, der Michael Lentz, der mit allem, was er schreibt, beweist, daß auch ein Schriftsteller mit seinem Köcherinstrument (was immer das sein mag) gar nicht umgehen zu können braucht, solang er nur laut genug kräht, um von der Kulturjugend der ‹FAZ› trotzdem zum Nachwuchsstar und Großtalent hochgejazzt zu werden.

Wie ja Buchseiten kaum weniger geduldig sind als Zeitungspapier. Auch in der Literatur, wie grammatiksicher sie vorderhand sei, sind Quatsch, Krach und Stumpfsinn gut zu Haus: als Phrase und Klischee, als «Büberei der Gesinnung» (Kraus), als Abgeschmacktheit und Angeberei. Und auch wenn ein Begriff von «gutem Deutsch» oder guter Literatur sich schlecht absolut denken läßt, so hört der empfindliche Leser doch stets auf seinen Bauch, der sich immer dann meldet, wenn sein Besitzer etwas liest, das seinen Ansprüchen an Grazie, Intelligenz und Demut nicht genügt, sondern im Gegenteil plump, dumm und eitel ist. Und aber trotzdem als Literatur gelten darf.

Die Nonchalance, mit welcher hierzulande Kritikerlob übers Land geworfen wird, ist ja längst nicht mehr zu fassen, von Literaturpreisen noch erst einmal zu schweigen. So schlecht ist kein Buch, daß sich nicht trotzdem zwanzig Lobhudler finden, die sich ihres Glückes nicht einmal bewußt sind, daß sich mit Unbedarftheit Altbaumieten zahlen lassen. Die Feuilletonisten und Bachmannpreisträger, die Edelfedern und Literaturstipendiaten, die «Kulturbetriebsnudeln» (Gremliza) und «Glücksfälle der Literatur» (Klappentextsprech): sie schenken sich nichts und wachsen und gedeihen wie der Pilz im morschen Holz. Daß bspw. Thomas Brussigs drittklassiger Ostzonenroman ‹Helden wie wir› einst im beinahe gesamten deutschen Feuilleton als großartig grotesk, lustig und sagenhaft gefeiert wurde und Langweiler Brussig bis heute als profilierter Autor gelten darf; daß ein paar Jahre später die entzückend unbedarfte Zoë Jenny mit einem hilflosen Romänchen namens ‹Das Blütenstaubzimmer› rundum reüssieren und abräumen durfte (*Ein Talent, das zum Schreiben geboren ist*, ‹Süddeutsche

Zeitung›, die Jenny ist aber längst vergessen, immerhin) und daß, um zügig in die Gegenwart zu stiefeln, der schon erwähnte M. Lentz zum Feuilletonhelden der ‹Frankfurter Allgemeinen› werden konnte, nachdem die den ungleich begabteren, sich aber leider als Polyhistor verstehenden Durs Grünbein via kniefälliger Adoration zum grenzverrückten «Götterliebling» (G. Seibt) deformiert hatte: Verlust der Maßstäbe auch hier, Betriebsblindheit mal Resistenz, eine große Zweifelsfreiheit auf beiden Seiten, sofern es um echten Zweifel geht und nicht um den wohlfeil auf immer gleichen Autoren- und Autorinnenfotos ausgestellten. Da wird dann der auf ‹Brigitte›-Niveau geschneiderte Roman ‹Lagerfeuer› der Fräuleinhoffnung Julia Franck (*Während ich meine Schuhe auszog, sagte ich: «Ich gehe in die Küche, Eunice.» Ich sagte es nicht zu ihr, ich sagte es, um es gesagt zu haben*) bei der ‹Neuen Zürcher Zeitung› gleich zum *Sprachkunstwerk* – wofür Rezensent Andreas Nentwich dann wohl den ‹Mann ohne Eigenschaften› hält? –, und Brussig darf sich im ‹Spiegel› lobend äußern: *Ein Glücksfall, ein ganz bemerkenswerter Roman*, was Sprachkunsthandwerker und Glückskind Brussig ja auch ganz beurteilen kann.

Wie gering die allgemeine kulturbetriebliche Angst vor Klischee, Kitsch und Phrase ist, mag exemplarisch das feuilletonistische Gelärm um den Star der 2005er Berlinale, die Schauspielerin Julia Jentsch zeigen, die ganz offenbar, was vorkommen soll, zur Schüchternheit neigt. *Julia Jentsch ist 26 Jahre alt und ein Versprechen*, begann die ‹Süddeutsche› das aparte Gejodel schon im Sommer 2004, nachdem sie eine Tanja Rest zu den Dreharbeiten geschickt hatte: *Sie hat ein kleines blasses Gesicht mit ausdrucksvollen Augen und winzigen Leberflecken darin. Sie sieht schmal und sehr, sehr müde aus. Man wäre versucht, sie ein ‹Persönchen› zu nennen, wenn hinter all der Zartheit nicht auch Anderes spürbar wäre, Entschlossenheit, Nachdenklichkeit, Mengen an Kraft. Und nun also die Sophie Scholl. Es ist eine zentnerschwere Rolle.* Der Artikel hat noch gar nicht recht begonnen, da ist er schon versunken im Sumpf aus Beliebigkeit und Kirchentag: der reportagennotorische «szenische Einstieg» mit den literaturhaften Leberflecken, die dann auch noch in die Augen rutschen, die unvermeidliche Müdigkeit des Künstlers, hinter dessen Schale sich immer ein großes Gegenteil, ja mag sein gar das Horkheimersche Ganz Andere verbirgt, und dann (das immerhin wäre bei der ‹FAZ› nicht möglich) Entschlossenheit und Nachdenklichkeit, Kraft und Mut – all das, was dem evangelischen Jugendgruppenleiter zur Kenntlichmachung von Innerlichkeit katexochen einfällt; und wogegen sich die Zentnerrolle der S. Scholl natürlich um so niederziehender ausnimmt. Und das Frl. Jentsch schlägt natürlich sofort ein und redet genauso stirnzerfurcht daher, wie es die Regeln des avancierten Kulturjournalismus verlangen: *«Die Frage ist schon, packt man das?» sagt Julia Jentsch mehr zu sich selbst als zu sonst jemandem,* ah, die Künstlerin im Selbstgespräch, Hauptsache, es geht hübsch introvertiert zu; und ununterscheidbar schon, was hier feuilletonistisches «Handwerk» der Journalistin, was genuine Gespreiztheit der Schauspielerin ist. *Sie sitzt draußen auf dem Hof vor Reis und Gemüse,* Sophie Scholl spielen und dazu Schweinsbraten essen geht nämlich nicht, *Sophie-Perücke auf dem Kopf, Fleece-Pulli über der Sophie-Weste. «Aber wenn einem ein Projekt angeboten wird, das man so wichtig findet, mit dem man sich so gerne auseinandersetzen würde – dann kann man das nicht absagen.»* Projekt, wichtig, auseinandersetzen: wie bestellt purzeln die Rhabarbervokabeln des gepflegten Tiefsinns, Ergriffenheit im Rund, das Licht geht aus und Tränen fließen. Es gibt Berufe, da gehört professionelle Distanz zur Grundausstattung. Eine *extrem schwere Verantwortung*, die Jul. Jentsch für sich reklamiert, nämlich ihrer Rolle gegenüber, haben, soweit es den Beruf betrifft, Chirurgen, Flugkapitäne und Erzieher aller Art; wie die im Falle Jule Jentsch aussieht, kann ich mir dagegen nicht vorstellen, denn Sophie Scholl schlecht spielen macht ja Sophie Scholl nicht schlechter oder den Hitler hoffähig – bei Lichte betrachtet ein Größenwahn, der von der allüberall zitierten «Schüchternheit» der Frau Jentsch dann doch absticht, wenn sie's denn ehrlich so meinte und nicht einfach blind ins Phrasenkästlein griffe.

«*Es wäre übertrieben zu sagen, ich hätte mein Leben geändert nach der Rolle der Sophie*», sagt Julia Jentsch, nämlich nun der ‹Zeit›, «*denn dann müßte ich in äußerster Konsequenz ja aufhören, Schauspielerin zu sein*», und ein Peter Kümmel hat rein gar nichts gegen diesen neuerlichen und regelrecht anmaßenden Scheiß und sekundiert im Gegenteil brav: *Es scheint, als habe sie, wenn sie unter der Haube der Rolle hervorkommt, auch nicht mehr als wir über den Menschen erfahren, den sie da gespielt hat. Sie wirkt dann verlegen, wie entwaffnet, als sei ihr Wille, ihr Lebenskompaß bei der Figur geblieben* und was derlei Gratissätze über Schauspiel als Existenzprinzip mehr sind.

Der Rest ist schnell erzählt: Die ‹taz› freut sich über Julias *sympathische Normalität* (weil «normal» halt immer gleichbedeutend mit «sympathisch»), ein lesbar erregter Andreas Borcholte ruft bei ‹Spiegel online› *unsere Julia* aus und preist sie als *bezaubernd und schüchtern*, Annabel Wahba vom ‹Tagesspiegel› beschreibt dieselbe dagegen als *schüchtern und verloren wie eine Meerjungfrau*, während der Filmchef der ‹SZ› Fritz Göttler der Nixe *zauberhafte Unbefangenheit* nicht unerwähnt lassen kann noch will; wogegen die ‹Berliner Zeitung› eine richtige Entwicklungsgeschichte von früher Höchstsensibilität im Köcher hat: *Mit siebzehn wollte Julia Jentsch Goldschmiedin werden. Sie wollte Material bearbeiten, schöne Dinge fabrizieren und möglichst wenig dabei reden. Das schien ihr eine lohnende Perspektive zu sein,* schön, daß wir auch darüber mal gesprochen haben. Der einzige, der sich in dem Krähgewitter aus *Schüchternheit* (‹taz›), *Intensität* (‹Tagesspiegel›, diesmal Christiane Peitz) und *leuchtender Intensität* (‹Stern›) noch aufrecht hält, ist Andreas Kilb von der ‹FAZ›, der früher (‹Zeit›) auch anders konnte, mittlerweile aber das Schwafeln meistens bleiben läßt und so relativ nüchtern über Film und Jentsch schreibt, daß *das Glissando ihres Mienenspiels* nicht groß ins Gewicht fällt.

«Wenn hier überhaupt einer mit dem Bauch denkt, dann bin ich das» (KHK Freddy Schenk, Köln) – längst weiß das Hirn, wie der Laden läuft, und tät' sich nur zu gerne ins olympisch Gleichgültige eines überzeugten Mir-doch-egal retten; Karibikurlaub, Tapetenwechsel, der Alternativen sind weißgott genug. Aber gegen Vorstellungen wie die der Damen Claudia Voigt (‹Kultur-Spiegel›) und Antje Strubel (Prosa) hat dann der beste Wille keine Chance: *Beide Bücher hat sie als Antje Rávic Strubel geschrieben, die derselbe Mensch ist wie Antje Strubel, aber eben doch nicht ganz. Den Namen Rávic hat sie sich als Schriftstellerin hinzukomponiert. Er klingt klar und scharfkantig und ein wenig melancholisch, so wie ihre* «Schreibexistenz sich anfühlt». *Schreiben ist für sie ein Schwebezustand zwischen sich selbst und dem, was schließlich auf dem Papier steht ... Strubels Bücher leben von den Worten* – entzückend.

Bzw. «Vroni ‹Brummerl› Büchshammr ist derselbe Mensch wie Vroni Büchshammr, aber eben doch nicht ganz. Den Namen Brummerl hat sie sich als Serviererin hinzukomponiert. Er klingt dick und drall und ein wenig sexuell, so wie ihre ‹Serviexistenz sich anfühlt›» … – – –

Es kann halt jeder machen, was er will. Aber sollen müßt' er's eigentlich nicht brauchen.

Das geschriebene Wort als die naturnotwendige Verkörperung des Gedankens – wie viele, die im Schriftlichen ihre Croissants verdienen, sind von diesem Ideal so weit entfernt wie ein arbeitsloser Kommunist vom Bundeskanzleramt. Vielleicht sind dies überhaupt die beiden Berufe mit der größten Kluft zwischen Können und einem (und sei's nur durchschnittlichen) Anspruch an Schön-, Klar- und Wahrheit, an Stil, Eleganz und Geist: Journalist und Architekt. Ein Kommentar in den ‹Tagesthemen›, das ist so etwas wie eine mediale Neubausiedlung. Und die Schriftsteller sind dann die, die ihr Reihenhäuschen komisch anmalen und die Tür aushängen. Und aber auch bei Möbel-Unger einkaufen.

Nietzsche, in der ‹Geburt der Tragödie›, schrieb vom «*Maß* im hellenischen Sinne: Apollo, als ethische [sic!] Gottheit, fordert von den Seinigen das Maß und, um es einhalten zu können, Selbsterkenntnis. Und so läuft neben der ästhetischen Notwendigkeit der Schönheit die Forderung des ‹Erkenne dich selbst› und des ‹Nicht zu viel!› her, während Selbstüberhebung und Übermaß als die eigentlich feindseligen Dämonen der nicht-apollinischen Sphäre, daher als Eigenschaften der vor-apollinischen Zeit … und der außer-apollinischen Welt, das heißt der Barbarenwelt, erachtet wurden» – und auch wenn Kollege bzw. *Amtskolle-*

ge (ein, nebenbei, Doppelmoppel wie *vorprogrammieren*: das lateinische *collega* heißt bereits «Amtsgenosse») Dionysos eine gute Gottheit sein mag, so kann man doch finden, daß er in der heimatländischen Sphäre, im Komplizentum von Kulturbetrieb und Journalismus (cf. Voigt/Strubel), im Anything goes zwischen Stadtmagazin und ‹Spiegel› doch etwas arg rauschhaft und maßlos wütet, «die alles überdonnernde Stupidität» (Moppel, Seelburg) täglich zu mehren und zu vertiefen. Was, auf dialektisch gar nicht mal übermäßig vertrackte Weise, natürlich sehr in der Ordnung ist. Denn auch (*und gerade*, haha!) der Wahn und der Stuß, das formierte Gekläff und dressierte Geraune, die Anmaßung und die Maßlosigkeit gehören ja irgendwie dazu, machen die freiheitlich-demokratische Sache erst rund und den Kuchen gel. Und diese Putzanleitung wo vielleicht nicht nötig, so doch überhaupt erst möglich.

Ich hol' dann mal den Besen.

DER HIRNWÄSCHER
Horch, was kommt von draußen rein:
Jörges, Hans-Ulrich

> *Die meisten Menschen nehmen die Meinungen an, so wie sie*
> *von andern gemacht worden sind ... Es ist unglaublich, was sich*
> *die Menschen Dinge einander nachbeten können.*
> **Lichtenberg**

«Hans-Ulrich Jörges wurde am 8. Dezember 1951 in Bad Salzungen/Thüringen geboren. Nach einer Ausbildung zum Wirtschaftsjournalisten bei der Nachrichtenagentur VWD in Frankfurt am Main absolvierte er ein Studium der Gesellschaftswissenschaften und wurde anschließend 1977 stellvertretender Inlandschef der Deutschlandzentrale der Nachrichtenagentur Reuters in Bonn. 1985 arbeitete er für das Bonner Büro des ‹Stern› und wurde 1986 Korrespondent der ‹Süddeutschen Zeitung› in Düsseldorf. 1989 übernahm er die Ressortleitung Politik beim ‹Stern› und wurde 1990 stellvertretender Chefredakteur des Magazins. Von 1992 bis 2002 arbeitete er bei der Wochenzeitung ‹Die Woche›, zunächst in der Entwicklungsredaktion, dann als Politikchef, stellvertretender Chefredakteur und ab 2001 als Chefredakteur. Im Mai 2003 wechselte er als stellvertretender Chefredakteur und Berliner Büroleiter wieder zum ‹Stern›.»

Man kann sagen, der Hans-Ulrich Jörges habe eine vorbildliche Karriere gemacht, und es gab Zeiten, da hätte ich ihn um seinen Weg in den deutschen Spitzenjournalismus ziemlich beneidet. Heute verdrießt es mich nicht wenig, daß mir die Fähigkeit, es dem Jörges nachzutun, genauso ziemlich abhanden gekommen ist, dazu bin ich, Kratzfuß, einfach nicht mehr einfältig genug.

Denn daß solche Karrieren nicht unbedingt mit intellektueller Fertigkeit, also analytischem Talent und sprachlich-argumentativer Kunst, viel zu tun haben, mag nur den wundern, der den ‹Stern› für Spitzenjournalismus und den Kapitaldackel H. Köhler für den «Bundespräsidenten aller Deutschen» (Köhler über Köhler) hält. Gerade für uns topkritische Buchautoren aber sehr erfreulich, wie geschmeidig und glatt, wie bruch-, reibungs- und – wenn wir da extrapolieren dürfen – von früh auf gedankenlos sich der Aufstieg einer Granate vom Kaliber eines H.-U. Jörges in den Himmel des deutschen Großjournalismus vollzogen hat, als es noch ein Anzeigengeschäft gab und das Geld so locker saß, daß sich der Nachwuchs mit 26 nicht als freier Konzertberichterstatter beim Stadtmagazin durchschlagen mußte, sondern sofort bei Reuters den Ticker beschicken durfte. So nämlich formt und rundet sich's gleich aufs beweiskräftigste: hie der Opinion Leader, der sein Hausblatt jede Woche u. a. mit einer «Zwischenruf» genannten Kolumne bestückt, da zwei Millionen ‹Stern›-Leser, die den prima Schleim genauso regelmäßig wegschlucken und dann eine 1a Politikverdrossenheit entwickeln, über die der Hans-Ulrich Jörges sich dann wieder beklagen kann; «Autopoiesis» (Prof. Luhmann) wie aus dem Lehrbuch.

Die Meinungen, die Jörges so unters Lesevolk rührt, bestehen dabei aus einer Mischung aus Anstandsbeschwörungen ans Politikervolk, dem Wunsch nach weniger Staat und mehr Bürgerverantwortung und dem Hohelied grundsätzlicher Vereinfachung in grundsätzlich allem, was sich in Jörges' stets vom «gesunden Menschenverstand» durchwehten Ideen auch sehr schön niederschlägt. *Der Brief hätte aus drei Sätzen bestehen können*, beginnt Hans-Ulrich Jörges seinen durchaus exemplarischen «Zwischenruf» im ‹Stern› 11/2005. *Sehr geehrter Herr Bundeskanzler, mehr als 5,2 Millionen Menschen sind arbeitslos gemeldet in der Bundesrepublik Deutschland, so viele wie nie in der Geschichte unseres Landes.* Jörges sagt gerne «Bundesrepublik Deutschland», das hört sich nämlich so schön offiziell, ja staatsmännisch an, so wie «unser Land». *Die Bürger erwarten rasches und entschlossenes Handeln der Politik. Wir schlagen Ihnen daher vertrauliche Gespräche über die Bildung einer großen Koalition aus CDU/CSU und SPD vor, um die drängenden Probleme von Wirtschaft und Gesellschaft in einem umfassenden und mutigen Zukunftsprogramm zu lösen. Mit freundlichen Grüßen, Dr. Angela Merkel, Dr. Edmund Stoiber.* Genau. Es muß nämlich, da hat der Jörges recht, gehandelt und angepackt werden in dieser unserer Bundesrepublik Deutschland, nicht immer nur geredet und zerredet. Da braucht's kein parlamentarisches Gequassel und keine langweiligen Ausschüsse, da greift der Kanzler zum Telefon und lädt alle zu mutigen und umfassenden Zukunftsprogrammgesprächen ein, und dann geht es rundum aufwärts: dies wohl einer der naivsten Standardgedanken, die einer haben kann, der der Komplexität der Umstände nur seine sancta simplicitas und das müde Mantra vom *Anpacken* entgegenzuhalten hat. Einmal abgesehen davon, daß *mutige* Reformen gern an Besitzstände gehen, und zwar paradoxerweise an die Besitzstände derer, die keinen Besitz haben.

Aber es geschieht ja sowieso nichts, denn alles ist bloß

Taktik und Kalkül in dieser unserer Politik: «*Pakt für Deutsch-land?*» *Ein taktischer Tango zur Wahl in Nordrhein-Westfalen. Mit Antwort und Rückantwort und immer mehr Sätzen, alles öffent-lich, alles bloß fürs Publikum. Das Kalkül fadenscheinig, wie der Lendenschurz eines Leprösen.* Metaphorischer Mut, wie ihn dieses Land braucht, auch wenn nur läppisch-lepröse Prosa dabei herausspringt. *Ließe sich der Kanzler darauf ein, würden der SPD an der Ruhr die Gräten gebrochen.* Gemeint: Rückgrat, aber wer hat das schon! *[Der Kanzler] darf aber Gespräche gar nicht ablehnen, denn sie sind seines Amtes und Auftrags.* Erst der taktische Tango und lepröse Lenden, jetzt plötzlich der hohe Genitiv, und zwar allein, um hernach um so effekt-voller *frustrierte Sozialdemokraten an die Urnen zu pressen,* wo nicht zu peitschen – fast möchte ich's zur Faustregel er-klären: je Metapher, desto Nebel. Und der wallet wirklich wunderbar: *Das schwarz-rote Programm [einer großen Koalition] schriebe sich von selbst: Reformen von Bildung, Föderalismus, Tarifverträgen und Pflege, Fusion von Bürgerversicherung und Bürgerprämie zu einer Krankenversicherung ohne Lohnbindung, Mehrwertsteuererhöhung zur Senkung der Sozialbeiträge, tief-greifende Steuerreform, radikale Entbürokratisierung, Aufbruch bei Stammzell- und Gen-Forschung ...*

Die Auslassungspunkte stehen im Original, denn wenn mutige Reformer wie H.-U. Jörges erst einmal in Fahrt sind, hält sie zum Glück nichts mehr auf, Gedanken gleich gar nicht. Und so fährt es ein aufs Lese- und Wahlvolk, tagein tagaus, und niemand wüßte mehr zu sagen, ob derlei pro-grammatische An- und Aufläufe aus Politiker- oder Journa-listenmund quellen. *Reform, Aufbruch, tiefgreifend, radikal:* fast immer sind's die trägsten Köpfe und Redaktionsses-selhocker, die sich dem Powerplay grenzenloser Dynamik verschrieben haben und nichts so hassen wie verkrustete Strukturen und Stillstand; und dabei aber immer paßgenau dieselben Sätzchen aufsagen. So daß im Kopfbahnhof recht eigentlich – Stillstand herrscht.

Radikale Entbürokratisierung z. B. klingt dermaßen schön nach aufräumen und Ordnung schaffen und *entrümpeln* (dies, nebenbei, auch ein Wort der ‹Lingua Tertii Imperii›), daß nie mal die Frage gestellt wird, inwieweit Entbürokratisierung so eo ipso segensreich ist, wie es der Jörges und die meisten seiner Kollegen irgendwo gelesen oder auf der Kfz-Zulassungsstelle, wo sie mal zwei Stunden aufs Nummernschild warten mußten, erlebt haben. Natürlich ist es dem Fabrikbesitzer eher lästig, wenn er eine neue Fabrik bauen will und auf die Genehmigung warten muß. Nur muß er ja eben deswegen darauf warten, weil nun mal Vorschriften einzuhalten sind: zum Umwelt-, Arbeits- oder Anwohnerschutz. Entbürokratisierung schön und gut, aber sofern sie eine *radikale*, also an die Wurzel gehende ist, bedeutet das in der Konsequenz, die Bürokratie abzuschaffen. Und da der Jörges kein Anarchist ist, freuen wir uns auf den Moment, in dem die von bürokratischer Fesselung befreite Wirtschaft (denn um die geht es) unserem Bürostuhl-Guevara ganz unbürokratisch eine Schweinemastanlage in den Vorgarten setzt.

Es ist halt alles leicht dahingesagt.

Da wären wir, denen es uns ja ums Sprachliche geht, bei einer Kernfrage: Weiß er's nicht besser und sagt einfach, was alle sagen? Hat er tatsächlich weder ein Gespür für das Unbedachte solcher Reformagenden aus dem hohlen Kopf noch für die Verwandtschaft einer Vokabel wie *radikal* mit dem Rücksichtslosen und Widerstandbrechen-

den? Oder ist das Wortgeknalle Absicht, das leider allzu ge-
neigte Publikum einzustimmen auf eine Umwertung aller
Werte, wie sie Leuten wie Rogowski und Henkel, denen
der (sich offenbar als linksliberal verstehende) Jörges den
Trompeter macht, schon lange vorschwebt? Oder hat der
Jargon, der dem Politfeuilletonisten Hans-Ulrich Jörges wie
gestanzt aufs Papier fällt, alles und sei's nur fern Gedankliche so fest im Griff, daß es eben gar nicht anders geht?
Und ist das nicht am Ende haargenau dasselbe?

Deutschland ist müde, hatte Jörges ein paar Wochen zuvor
in typischer Manier eine genuin kapitalistische Krise zum
reinen Stimmungstief heruntergeschrieben. *Illusionslos,
hoffnungslos, antriebslos. Niedergedrückt von depressiven Schü-
ben. Ließe sich die Nation auf die Couch legen, hätte der Therapeut
psychische Erschöpfung festzustellen. Stillstand. Keine Bewegung,
nirgends. Politik, Wirtschaft, Medien, Kultur – in Deutschland
nichts Neues. Kreativpause. Ein Volk nimmt den Blues.* Daß die in
diesem Zusammenhang beispielhaft sinnlose *Kreativpause*
mehr ist als Gefasel, nämlich am Ende Ironie, mag man
spätestens nach dem semantischen Reformprogramm, das
einem Volk erlaubt, den Blues zu nehmen, nicht mehr glauben. Es spielt aber eh keine Rolle. Denn nicht Information,
nicht Aufklärung ist das Ziel. Verlockend zu sagen, hier
klinge und brumme das Nichts höchstselbst; aber auch Ge-
dankenferne kann Propaganda sein: *Jahre, lange Jahre – wer
zählt sie noch? – hat das Land nichts anderes gekannt als Reformstau. In selbstquälerischer Lust das eigene Versagen besprochen.*
Eben. Bzw. stimmt das denn? Wer hat denn da versagt?
Das Land? Also alle? Hat der Arbeiter, der mit fünfzig aus
Renditegründen fliegt, versagt? Und hat er, der Arbeiter,

nicht eher seinen Chef, die Aktionäre, die Verhältnisse verflucht als selbstquälerisch das eigene Versagen? Haben das nicht andere für ihn getan? Z.B. der Jörges? Jahre, lange Jahre im immergleichen manierierten Seim aus Kurzsatz und Ellipse? Damit endlich was passiere, nämlich Ruck und Aufbruch? *Die Nation wartet auf Erlösung. Irgendwann. Durch irgendwen.*

Am besten durch Bundespräsident Horst Köhler, der im Frühjahr 2005 im Haus der deutschen Wirtschaft zu Berlin vor sechshundert Arbeitgebervertretern des Jörges Ton anstimmte und bewies, daß ein Subalterner wie Jörges nur ausspricht, was die Herrschaft denkt: «Was der Schaffung und Sicherung wettbewerbsfähiger Arbeitsplätze dient, muß getan werden. Was dem entgegensteht, muß unterlassen werden», z.B. Sozialstaat, Kündigungsschutz, Tarifvertrag. In Zeiten der Krise müssen alle Opfer bringen, von den sechshundert Entscheidungsträgern, die Hotte Köhler stehend applaudierten, natürlich abgesehen. Tempora mutantur et mutamur in Illies (i.e. Florian).

Wollen wir also hoffen, daß es in Deutschland bald so überschaubar und klar zugeht wie in Jörgesschen Sätzen, die ihre gedankliche Deregulation schon hinter sich haben: *Die einzig klare Sache in der deutschen Politik ist, daß es keine klaren Sachen mehr gibt ... Wer heute ganz oben jubelt, kann schon morgen ganz unten japsen. Und umgekehrt.* Müßig zu sagen, dieses *umgekehrt* sei ein rein rhetorisches und habe wenig bis gar nichts mit der Wirklichkeit zu tun. *Nichts gilt mehr. Die güldenen Lehr- und Merksätze von gestern, die der guten alten Bundesrepublik, zerfallen zu Asche.* Es ist nicht alles Gold, was glänzt, aber es ist keinesfalls Gold, wenn es zu Asche zerfällt, wie sich Asche auch eher Verbrennungsprozessen verdankt und wir uns also Lehr- und Merksätze der guten alten Bundesrepublik als sowohl golden wie auch radioaktiv zu denken haben – physikalisch durchaus delikat und selbst mit der Quantentheorie nicht recht aufzulösen. Je nun: *Wir leben in wirrer Zeit.* Und der Jörges mittenmang! «Daß nach Innovationen und neuen Ideen vornehmlich Leute rufen, die Mühe haben, einfachste Hauptsätze nachzusprechen, hat man schon beobachtet» (Hermann L. Gremliza).

Zwischen Vergangenem und Künftigem wuchert eine epochale Vertrauenskrise, dies nun des Jörges Lieblingsthema, das er sogar mal in einem ‹Stern›-Titelartikel wuchern ließ: *Die da oben sind unten durch. Bei denen da unten. 1949 ist die Bundesrepublik Deutschland gegründet worden. Vertrauen war ihr Betriebskapital. Zur Mehrung des Gemeinwohls wurde es einem Vorstand aus Politik, Wirtschaft und Gewerkschaften überantwortet ... 55 Jahre später ist das Kapital verbraucht. Fast. Verzockt, verpraßt, verstümpert. In der Bilanz ihrer Aktionäre ist die Deutschland AG konkursreif. Unten ist oben. Ganz oben auf der Palme, wo Enttäuschung, Entfremdung und Empörung sprießen ... Die da unten begreifen nicht mehr, was die da oben treiben. Also zerbricht das Fundament der Demokratie. Und mehr. Die Nation steckt in einer Vertrauenskrise, und die wuchert weit über die Politik hinaus. Gemessenes Vertrauen: siehe oben. Gefühltes Vertrauen: null Komma noch was,* und wer aber nun den ‹Stern› aufschlägt und den Jörges liest und beiden seine politische oder gar Herzensbildung anvertraut, wird freilich genauso gnadenlos enttäuscht: Daß, wer auf die Palme gebracht worden ist, bereits empört genug ist, um auf eine dort sprießende Empörung (was seltsam genug aussähe) gar nicht angewiesen zu sein, und ein Fundament aus Menschen eher bröckelt denn bricht: geschenkt. Aber daß es einer in grundkapitalistischen Widersprüchen gefangenen Gesellschaft nur an *Vertrauen* fehle, weil *die da oben* die patriarchalische Rolle des guten Hausvaters, die sich der Jörges von ihnen wünscht, partout nicht mehr übernehmen wollen, kann im Ernst nur glauben, wer vom spätkapitalistischen Staat, in dem er lebt, der «Bundesrepublik Deutschland» (Jörges), noch nicht viel begriffen hat und z.B. nicht weiß oder sehen will, daß es, Entschuldigung, so was wie Besitzverhältnisse gibt und Profitinteressen und die Logik der Akkumulation, der mit Vertrauen nur bedingt beizukommen ist. Gemessene Analysetiefe: siehe oben, gefühlte Kompetenz: null Komma noch was. Was der Sprache, der alten Petze, durchaus anzuhören ist. Wahrheiten sind selten einfach. Und wer versucht, seine Wahrheiten als solche zu verkaufen, gerät schnell in die Tonlage eines Werbetrommlers. Solche Leute nannte man früher Propagandisten.

So wird flugs zum Personalproblem, was doch strukturelle Ursachen hat – ein beliebtes Skandalisierungsmittel auf dem «Herrschaftsboulevard» (Theweleit), der viel lieber gegen Personen stänkert, als mal über einen Zusammenhang aufzuklären: *Sie haben es schon geschafft. Das Grundgesetz verbogen. Und den freien, nur seinem Gewissen unterworfenen Abgeordneten, Vertreter des ganzen Volkes, zum Nebenerwerbs-Parlamentarier mit privatem Arbeitsvertrag umdefiniert ... Ich will ein gesetzliches Verbot der Berufstätigkeit von Abgeordneten ... Ich habe andere Vorstellungen von den Aufgaben des Bundestags, von der Pflicht, der Würde, ja der Ehre, dort dem Land zu dienen.* Ich für meinen Teil habe andere Vorstellungen von gutem Journalismus, von der Pflicht und Würde und Ehre, dem Geist und dem Gedanken zu dienen. Ich will ein gesetzliches Verbot der Berufstätigkeit von Hans-Ulrich Jörges!

Kleiner Spaß.

Aber die Idee von Preußentum und nationalen Pflichten (und was der romantisch-autoritären Verstiegenheiten mehr sind) ist ja nun wirklich so abgestanden, vage und kostenlos, daß auch die Dr. Angela Merkel (CDU) sie problemlos adoptieren konnte («Ich will Deutschland dienen»). Im übrigen, um hier mal ein bißchen Sozialkunde beizusteuern, sind Parlamentarier eh nicht Vertreter des ganzen Volkes, das sind sie höchstens theoretisch. Faktisch meist von Interessengruppen, Verbänden, Industrie. Würde, Ehre, Kokolores. Die Arbeiter, die im Bundestag sitzen, kann man an einer Hand abzählen. Weiß der Jörges auch. Oder weiß er's nicht? Ist egal. Hauptsache, es knallt. Pfusch, Chaos, Abzocke. ‹Bild› für Lehrer. *Die einzig klare Sache in der deutschen Politik ist, daß es keine klaren Sachen mehr gibt* – stimmt nicht. Gibt's nämlich doch. Die Menge. Sozialkram gehört abgeschafft. Wirtschaftspolitik ist unternehmerfreundliche Politik. Wettbewerb wird zum ausschließlichen Gesellschaftsprinzip. Und so weiter. Reduktion des Menschen «vom Menschen allgemein zum in die Joblücke passenden Arbeitskraftangebot» (Wieland Elfferding im ‹Freitag›). Dafür sind wir allgemein doch alle! Klare Sache.

Genauso klar, daß bei der stetigen Suche nach des Volkes kleinstem gemeinsamen Nenner neben abzockenden Politikern, zuviel Finanzamt und Bildung als Megathema auch irgendwann der olle Judenkrempel an die Reihe muß: *Das Gedenkjahr 2005 droht* – wg. Ärger mit der

NPD – *zum Alptraumjahr zu werden. Die Nation, die glaubte, sie könne 60 Jahre danach im Wissen um historische Verantwortung den Blick nach vorne richten, sich selbst und anderen beweisen, wie «normal» sie geworden sei, zeigt wieder nur, daß sie nicht loskommt von der Vergangenheit. Verstört, traumatisiert.* Patient Deutschland, der ja nach Jörges' metaphorischem Dafürhalten ohnehin auf die Couch gehört. Jetzt wissen wir auch, wer ihn so traumatisiert hat. *Das Gedenken muß überdacht werden, soll das je anders werden. Die Rhetorik des «Nie wieder», die immer gleichen Beschwörungen des deutschen «Jahrtausendverbrechens», des «Zivilisationsbruchs» von Auschwitz, in den immer gleichen Parlamenten, Sälen und Synagogen von den immer gleichen Rednern vom Blatt gelesen vor den immer gleichen geladenen Gästen, die sich wechselseitig längst ihrer lauteren Gesinnung sicher sein können, kulturell «umrahmt» von den immer gleichen Streichquartetten, immunisieren nicht mehr.* Wenn Nazis in diesem Land nicht nur Ausländer jagen, sondern sogar wieder Stimmen kriegen, dann liegt das also nicht an einem Staatsbürgerschaftsrecht, das verbissen am Blutsprinzip festhält; nicht an einer Politik, die sich seit Jahrzehnten, statt Deutschland als Einwandererland wenigstens hinzunehmen, lieber über «nationale Identität» den Kopf zerbricht; nicht am Kapital, das in- und ausländische Malocher kostensenkend gegeneinander ausspielt, und nicht an der via Fernsehspiel und Vertreibungsdoku verbreiteten Frohbotschaft, als Deutsche die eigentlichen Opfer des Zweiten Weltkriegs zu sein, sondern, was ja auch viel einfacher ist, an immer gleichen Reden in immer gleichen Synagogen (es gibt halt nicht mehr viele). *«Juden sind die Menschen, die Geld dafür kriegen, daß ihre Eltern ermordet wurden», zitiert ein Pädagoge im Berliner ‹Tagesspiegel› einen*

Kreuzberger Gymnasiasten, der zu dieser keineswegs wenig verbreiteten Meinung natürlich nach einer Überdosis Streichquartetten gekommen ist und nicht etwa über die Leserbriefspalten der ‹Frankfurter Allgemeinen›. *Hinausgehen, raus aus den Sälen, unter die Menschen, reden, zuhören, den offenen Dialog wagen über Gestern und Heute, das ist nach 60 Jahren das Gebot auch für die Politik ... Warum sollten sich die Vorstände der Bundestagsparteien nicht darauf verständigen können, an einem Gedenktag statt einer zentralen Mahnstunde auszuschwärmen und sich zur selben Stunde an Schulen offener Diskussion zu stellen, ohne abgelesene Belehrungen? Warum sollten Ähnliches nicht alle 601 Abgeordneten des Bundestages an einem Tag in allen 299 Wahlkreisen wagen? Und warum sollte der Bundespräsident oder der Bundeskanzler nicht in einer Fabrikhalle über Deutschlands Rolle in der Welt sprechen – und sich anschließender Diskussion stellen? «Unverkrampft», wie es Roman Herzog einst für sich postulierte?* Weil es vielleicht – Schwachsinn ist? Weil ein Streichquartett im Zweifel leichter hinzunehmen und allemal würdevoller ist als Horst Köhler, wie er evtl. bei Krupp über Deutschlands Rolle in der Welt spricht, die ja der leidige Holocaust allzu lange geschmälert hat? Und *unverkrampft* in diesem Zusammenhang allemal bedeutet, auch mal auszusprechen, was man ja heutzutage nicht mehr laut sagen darf?

Vom Judenmord zu Deutschlands Rolle in der Welt, von *abgelesenen Belehrungen* in, Jehova bewahre!, feierlichem Rahmen zu unverkrampft-offener Diskussion über Treblinka und Bombenkrieg bei Würstchen und Bier – eine hinreißende Vorstellung, wenn wir unterstellen, daß das sprachliche und intellektuelle Niveau solcher Zusammenkünfte auf dem ihres Erfinders liegen, dessen reflexionsferne Rede von Aufräumen und Anpacken, von Anstand und Aufbruch so hübsch (hust) halbfaschistoid klingt, daß es den Jörges vielleicht sogar erschrecken tät'; wenn er's denn wüßte/kapierte.

Aber er ist nun mal der Knappdenker, Nebelwerfer und Kritiksimulant Hans-Ulrich Jörges, nebensatzallergisch, reformkrank und einer der lautesten im *Chor der Hirnwäscher*. Und auch einer der ungeniertesten: Zum Jahresbeginn 2005 veröffentlicht Jörges eine Liste der Träume, die er für seine Bundesrepublik Deutschland hat. 94 Thesen, die er dem ‹Stern›-Nutzer in nicht mehr unterbietbarer Verkürzung ins wehrlos am Boden liegende Hirn tritt. In Auszügen: *Einkaufen nachts um zwei / Die Würde des Menschen ist unantastbar / Vorrang für Bildungsausgaben im Grundgesetz / ‹Tatort› mit neuer Melodie / Das Holocaust-Mahnmal wird Kinderspielplatz / Stammzellforschung auf Weltniveau / TV-Verbot für Naddel und Verona / Ärzte dürfen werben / Mit Geilheit wird gegeizt / ‹Bild› gewinnt den Kisch-Preis / Die CSU beschließt den Beitritt zur CDU / Bierdeckel sind Steuerformulare / Dax-Konzerne messen sich am Jobholder-Value / Titten-Abschaltung im Privat-TV / Auflösung der Arbeitgeberverbände / Drei neue Zeitungen für Leser unter 30 / Der 9. November wird Nationalfeiertag / Hartz ist nur noch ein Schreibfehler / Deutschland röchelt nicht mehr.*

«Ich hör' die Bächlein rauschen / Im Walde her und hin, / Im Walde in dem Rauschen / Ich weiß nicht, wo ich bin» (Eichendorff) bzw. eben doch: in Hans-Ulrich Jörges' own country, im Land, wo rauschhaft Quark und Kunsthonig fließen. Wo Kinder zwischen Holocaust-Stelen Fangen spielen, mit Kündigungen nicht gegeizt wird, Ärzte endlich werben dürfen (was haben wir das vermißt) und der Jörges, wenn er früh um vier vom Einkaufen kommt, evtl. mal begreift, daß ihn von der ‹Bild›-Zeitung nicht mehr trennt als den ████████* vom Eimer.

Da braucht's dann auch keine Arbeitgeberverbände mehr.

---

*   Auf Anraten des Verlagsjustitiars prophylaktisch geschwärzt ...

DIE AHNUNGSLOSEN
Wie Fernsehjournalismus funktioniert –
und warum nicht

Manchmal habe ich Lust, jedes Wort der Sprecher in Frage zu
stellen, so oft reden sie leichtfertig daher, ohne sich im mindesten
über Problematik und Bedeutung ihrer Formulierungen im klaren
zu sein und über die Verantwortung, die sie übernehmen, wenn sie
sich vor Tausenden Zuschauern äußern, ohne zu verstehen, was
sie sagen, und ohne zu verstehen, daß sie es nicht verstehen.
Pierre Bourdieu

Neulich hat sich eine liebe Bekannte von mir einen Fernseher gekauft. Sie hatte vorher jahrelang keinen gehabt und
freute sich nun, daß sie «endlich mal ‹Tatort›» sehen könne
und, jawohl, «die vielen Kultursendungen!» und die politische Informationsberichterstattung und das alles, prima!

Mademoiselle ist ein ganzes Stück jünger als ich, und
ich gebe, schon aus erotischem Interesse, dann gern den
Älteren, Erfahreneren und Lebensweisen, der sein halbes
Leben aus Gründen, die nicht hierher gehören, vor dem
Fernsehgerät verbracht hat und weiß, mit welch schmut-
ziger Droge er da seine Tage zubringt. «Höre einmal», sage
ich dann, ziehe wissend an meiner Zigarette und schaue
gequält, wie es einem Intellektuellen meines Formats (16:9)
nun mal zusteht, «‹Tatort› gerne, aber vom Rest laß besser
die Finger. Da ist nämlich viel Unsinn bei.»

Mit ein bißchen Glück hat die Süße dann keine Lust
mehr auf Fernsehen und läßt sich küssen, aber das ist eine
andere Geschichte und soll ein andermal erzählt werden.

Aber daß Journalismus und Denkbereitschaft auch jenseits des Printmedialen nicht notwendig miteinander zu tun haben, dafür gibt's halt einige Beweise; und nicht zu Unrecht beklagt sich der Medienchef der ‹Frankfurter Allgemeinen› M. Hanfeld gern über die Arroganz der Öffentlich-Rechtlichen, die gegenüber den doofen Privaten das Monopol auf gehaltvolle politische Information für sich reklamieren und aber über ‹Sabine Christiansen› und ‹ZDF. reporter› nicht sprechen wollen. Wie die werbefixierten Gebühreneintreiber sowieso und trotzdem fast jeden Unsinn von den Privaten kopieren, die Qualität einer Sendung allein daran messen, wie viele Lemuren sie sich angesehen haben, und den allgemeinen Krawall aus Volksmusik, Quizquatsch und ‹Traumschiff› mit leidenschaftlicher Beflissenheit mitmachen.

Wie weit es mit der vielbeschworenen Nachrichtenkompetenz wirklich her ist, zeigt selbst ein flüchtiger Blick in die ‹Tagesthemen›, die als Flaggschiff der öffentlich-rechtlichen Nachrichtenarbeit gelten. Nicht nur, daß auch in diesem schwerseriösen Umfeld die Infantilsprache längst Einzug gehalten hat: *Schröder reagiert auf Bush-Drohung*; legendär überdies die Kommentare, die früher nur von den Chefredakteuren der ARD-Anstalten gesprochen wurden und weithin gefürchtet waren und die aber auch jetzt, wo selbst gemeine Redaktionsleiter mal in den Teleprompter schauen dürfen, an glänzender Dürftigkeit nichts zu wünschen übrig lassen. Dunkel erinnere ich mich an den Kommentar eines jovialen Weißbärtigen, der anläßlich irgendeiner Novellierung des Ladenschlußgesetzes Sätze sprach der Art, es sei jetzt Bürgerpflicht, sofort die Einkaufsstraßen zu stürmen und draufloszukaufen, sonst habe der Gesetzgeber sich ja völlig umsonst angestrengt usw.; und diesen Quatsch natürlich ohne jede Ironie vortrug. Deutlich vorm geistigen Auge steht mir dagegen ein Jost Bösenberg vom RBB, der am 14.4.05 zum erst mal gescheiterten Aus- und Neubau des Flughafens Berlin-Schönefeld ca. das sagte: *Da hätte es jemanden gebraucht, der das wasserdicht einfädelt ... Glück auf, ihr Anwälte!* Da ist man sogar als geschulter Vielfernseher baff: Zwei Bildbrüche in zwanzig Sekunden, mehr geht schon fast gar nicht, das ist auch für Fernsehverhältnisse spitze und prima wasserdicht eingefädelt vom Vorarbeiter im Anwaltsbergwerk c/o Sprachsteinbruch J. Bösenberg, der für die Herstellung und Verbreitung solcher Katachresenkunst nicht etwa ins Gefängnis muß, sondern approximativ 100 000 Euro p.a. einsackt. Und dem man natürlich auch in Zukunft kein Wort glauben darf. Sowenig wie seinem Kollegen Rainald Becker vom SWR: *Es war der klassische Schuß in den Ofen, ein Rohrkrepierer,* «wer nicht denken und also nicht schreiben kann» (Gremliza) kann beim Fernsehen halt immer noch ein schönes Auskommen haben.

Auch die weithin als gut geltenden Ankerpersonen Wickert und Will machen meistens nicht den Eindruck, als wüßten sie Stichhaltigeres zu denken als der Jörges und alle, die durch dieselbe Denk- und Schreibschule gegangen sind. Als Anfang 2005 massenhaft Kranke, Behinderte und sogar Kinder von den Arbeitsagenturen als «arbeitsfähig» eingestuft wurden, weil jene so aus der Sozialhilfe herausfielen und die Kosten für den Unterhalt dann nicht mehr die Kommune, sondern der Bund zu übernehmen hatte, veranlaßte das einen mitleidig dreinblickenden Wickert zu der Feststellung, dies sei wieder mal ein Beispiel für *herzlose Bürokratie* oder sogar *herzlose Bürokraten* – womit abermals ein strukturelles Problem (das ja auch über einen metaphorisch-prophetischen Gout verfügt: daß nämlich bald alles zu arbeiten hat, was nur irgend kann) zur einwandfrei boulevardkompatiblen Herzlosigkeit eines Sachbearbeiters wurde. Unvergessen auch und viel besser noch die souveräne Hilf- und Ahnungslosigkeit der Anne Will, als sie aus Anlaß von «30 Jahren Talkshow» im wiederum ersten Programm in größerer Runde saß und sich als Moderatorin über die irgendwie fehlende Humanitas bzw. Relevanz von Nachmittagstalks erregte; und sich ausgerechnet von Andreas Türck darüber belehren lassen mußte, daß das just gezeigte Einspielfilmchen, welches, unterlegt von dramatisch wedelnder Musik, über die Unmoral der nachmittäglichen «Ich zeig dich an, du Sau!»-Sendungen in einem Zusammenschnitt Zeugnis geben wollte, ja gleichfalls nicht umhinkonnte, den Scheißdreck ausführlich und unterhaltungsmäßig aufgeblasen zu zeigen; und das erkennbar auch gar nicht wollte – Dialektik der Nachricht, das allerkleinste medientheoretische Einmaleins, von dem die Willsche aber offenbar noch nie etwas gehört hatte. Ein paar Monate später moderierte sie dann eine ganz ähnliche Runde, in der Rudi Carrell, J. v. der Lippe und andere Fachkräfte über Unterhaltungsfernsehen in Zeiten der Krise redeten, und wieder war es die leidenschaftlich kritische Moderatorin, der die eigene Unbedarftheit mit Macht in die Parade fuhr: Sie, so fuhr die Newslady den Volksmusiker Karl Moik an, verstehe das als Nachrichtentopmadame ja kein bißchen, daß er, Moik, eine Jodelsendung aufgezeichnet habe, während in Afghanistan Krieg ausgebrochen sei! – und der Moik blieb aber prima gelassen und machte auf die runden fünfzig Kriege aufmerksam, die gleichfalls und zur gleichen Zeit stattgefunden hätten und die auch eben im Moment stattfänden, und er könne ja schlecht warten, bis es nirgends auf der Welt mehr einen Krieg gebe, da könnten er und alle anderen in der Runde ja gleich einpacken.

Daß jemand uns allabendlich die Nachrichten bringt und Bundeskanzler interviewt und aber sich von Karl Moik darüber informieren lassen muß, wie Fernsehen eigentlich geht: das ist schon fein.

Wieder haben wir es hier mit einer professionellen Blickverengung zu tun, die über den Tellerrand kein bißchen hinaus kann und vor dem Gedankenkitsch nicht die Spur einer Bange hat: der Fernsehjournalist als unbestechliche Kontrollinstanz, der die Politik überwacht und deswegen auch extrem viel wichtiger ist als irgendein Unterhaltungsesel usw. – sie ist so klein, die Welt der Anne Will, und so ohne jeden Zweifel, daß man glatt neidisch werden möchte. (Daß die Gedankenarmut beim Kulturfernsehen im Zweifelsfall noch größer, weil schmockhafter ist, ist eh klar; aus einem Bericht des ‹Kulturweltspiegels› über die Band R.E.M.: *Ihr bislang poetischstes Album ... sind sich immer treu geblieben ... hoffen, daß Ihr Bekenntnis zum Bush-Herausforderer Kerry kein kommerzieller Stolperstein ist ... «Für mich bedeutet Erfolg, einen guten Song zu schreiben»,* darf der als Denker geltende Bandanführer Michael Stipe noch aufsagen, und dann kommen, um die Werbesendung adäquat zu beschließen, das aktuelle Video, der Albumtitel und das Veröffentlichungsdatum. Anschließend ein Bericht über den neuen Film von P. Almodóvar: *So persönlich war Almódovar noch nie ... ah ...*)

Exemplarische Auskunft über die geistige Verfaßtheit wo nicht aller, so doch allzu vieler Fernsehjournalisten gab ein im Spätherbst 2004 auf 3sat und später bei Phoenix ausgestrahlter Film, der sich mit dem damals noch in der Blüte seiner Popularität stehenden Außenminister Jockel Fischer beschäftigte und der sicht- und hörbar von studierten Menschen, genauer: Damen angefertigt worden war. Für eine Seminar- oder Abschlußarbeit in den eine journalistische Karriere gern präludierenden Geisteswissenschaften sucht man, sucht frau sich klassischerweise eine Person und ein Phänomen und guckt, was herauskommt, wenn man sie zusammenbringt: Franz Kafka und der Expressionismus / Romantik bei Walter Benjamin / Suprematistische Elemente im Spätwerk Rembrandts. Entsprechend kann die TV-Journalistin, wenn sie so richtig studiert und ambitioniert und feuilletonisiert ist, einen Film drehen wie ‹Die Macht des Laufens. Einsamkeit, Marathon und der Einfluß Alan Sillitoes im Leben Joschka Fischers› – den Untertitel habe jetzt ich dazuerfunden, aber stimmen tut er natürlich trotzdem.

Die Fernsehdame, die dieses auch nach heutigen Medialmaßstäben bemerkenswerte Beispiel von Distanzlosigkeit, Affirmation und Phraserei vorgelegt hat, heißt Ulrike Schenk, hat Germanistik und Kunstgeschichte studiert und ist Inhaberin sowohl des Ravensburger Medienpreises als auch eines «Regino-Preises» für eine Doku über junge Straftäter; und da sie aber trotzdem so viel Ambition, wie das Thema Fischer nun mal verlangt, nicht alleine stemmen wollte, hat sie sich eine Beate Pinkerneil ins Boot geholt, die nicht nur einen prima Namen hat, sondern, Google weiß es, einschlägig akademisch belastet ist und mindestens ein

Buch über ‹Methodische Praxis der Literaturwissenschaft› (Kronberg 1975) verantwortet. Und als solche natürlich weiß und ab ovo wußte, daß es eine Erzählung des Titels ‹Die Einsamkeit des Langstreckenläufers› gibt, die der britische Schriftsteller Alan Sillitoe geschrieben hat und in der es eben um Laufen und Alleinsein geht.

Den Moment im Leben der Damen Schenk und Pinkerneil möchte man sich gar nicht vorstellen, in dem sie dieses Heureka-Erlebnis hatten, das ein Student verspürt, wenn er die Gleichzeitigkeit des Ungleichzeitigen entdeckt und ein Motiv Kafkas bei Fontane, Karl May oder Roland Emmerich wiederfindet − der Milchkaffee wird ihnen aus der Hand gerutscht sein. Aber bevor ich misogyn werde, stellen wir einfach noch mal den Fernseher an und gucken, wie das ausschaut: eine Magisterarbeit im Fernsehen.

0. Einleitung

In einer Einleitung erfährt der Leser, was «in der vorliegenden Arbeit» so drinsteht und worauf sie mit welchen Methoden hinauswill. Im Falle Schenk/Pinkerneil sitzt zu Anfang ein rundlicher Mann im Dreiteiler vor einer orangefarbenen Wand und knarzt in einer Mischung aus wund und weise Staatsmännliches: «Da gibt's natürlich ein typisches apolitisches Vorurteil: nämlich daß Macht böse ist.» Der Mann blinzelt wieder, ringt die Hände und guckt wie einer, der gerade (und nicht zum erstenmal) das Ei des Kolumbus gelegt hat: «Macht ist die Entscheidungskompetenz. Demokratische Macht ist sozusagen das institutionalisierte Mißtrauen gegen die Macht. Nämlich daß einer oder einige wenige für längere Zeit das Sagen haben, ohne daß sie kontrolliert werden. Wenn Sie in der

Regierung sind, werden Sie 365 Tage im Jahr durch die Opposition, durch die Öffentlichkeit, die Medien, was immer, einem permanenten Test ausgesetzt. Das ist unglaublich hart. Das ist die Realität. Und diese extremen Druckbedingungen verändern jeden Menschen.» Der Mann, es ist der damalige Außenminister Jockel «Joseph» Fischer, ist fast empört: «Das kann mir keiner erzählen.»

Jetzt schwellen Streicher, und ein Jogger, den ein Bildbearbeitungsprogramm ins Gräulich-Bläuliche, ja dräuend Dämonische gezogen hat, läuft über den Potsdamer Platz in Berlin. Wir hören die Sprecherin: *Die ungewöhnlichste Karriere im Nachkriegsdeutschland macht ohne Zweifel Joschka Fischer. Sie geht mit einschneidenden Wandlungen einher. Eine davon löst der englische Schriftsteller Alan Sillitoe aus, mit seinem Buch über Einsamkeit. Sie ist für Fischer Motor wesentlicher Selbsterkenntnisse. Sein lebenslanger Lauf zu sich selbst ist hart und bedingungslos.*

Darum also geht's: J. Fischer, der Politiker, der Läufer, der Alan-Sillitoe-Leser: einsam, hart, bedingungslos. Aber jede Arbeit braucht eine Ausgangsfrage: *Das System Fischer. Warum funktioniert es schon über zwanzig Jahre? Warum wirkt er, der sich über Jahrzehnte so wenige Überzeugungen bewahrt hat, dennoch so überzeugend? ... Warum wird der ehemalige Schulabbrecher ein stetiger geistiger Marathonläufer? Erfährt Fischer in großen Lebenskatastrophen Einsamkeit als einzige wirksame Therapie?*

Das sind also die Fragen, die im folgenden nicht nur das Duo Schenk/Pinkerneil beschäftigen werden; sondern eben auch uns, die wir in einem Moment der Schwäche nicht weitergezappt haben. Dem aufmerksamen Korrektor dürfte aber hier schon auffallen, daß die Fragen nicht nur gestellt, sondern sogleich beantwortet werden: Denn daß Jockel in großen Lebenskatastrophen *Einsamkeit als einzig wirksame Therapie* erfährt, ist klar, sonst wäre der ganze Film nach zwei Minuten zu Ende. Dasselbe gilt für die Frage zuvor: Ohne die Überzeugung, es bei Fischer mit einem *geistigen Marathonläufer* zu tun zu haben, fiele der Film in sich zusammen; die Metapher ist die einzige Idee, die er hat. Und auch die Eingangsfrage hat so ihre Antwort schon gefunden: Das System Fischer funktioniert, weil Jockel, der Einsame, ein geistiger Marathonläufer ist und also auch abseits der Laufstrecke über den längeren Atem verfügt. Das ist das Ergebnis des Films. Nach zwei Minuten.

Der Fachmann spricht hier auch von Deduktion: Statt ein Ergebnis zu entwickeln, steht es von vornherein fest und wird nur noch begründet. Das muß nicht schlimm sein, wenn das Ergebnis aufregend und die Gründe neu sind; aber daß Macht was mit Einsamkeit zu tun hat und der deutsche Außenminister gerne mal lange läuft – ist das aufregend? Oder neu?

1. Jockel: Herkunft und Prägung

Trotzdem wollen Schenk/Pinkerneil jetzt erst einmal in Erfahrung bringen, wie Jockel wurde, was er ist, und bedienen sich des erwähnten metaphorischen Tricks, um den Film auf Trab und in der Bahn zu halten: Aus Läuferperspektive wird mit subjektiver Kamera ein laufendes Beinpaar gezeigt, das aber unnatürlich langsam, wie gehemmt läuft, und getragene klassische Musik unterstreicht, daß es jetzt erst einmal problematisch, ja tragisch wird: *Allen Widrigkeiten zu trotzen hat familiäre Tradition. Der Sohn eines Metzgers erfährt früh, was es heißt, Vertriebener zu sein. Seine*

Eltern sind Ungarndeutsche, flüchten nach 1945 ins Schwaben-
land. Fischers Energie und Einzelkämpfergeist haben hier ihre
Wurzeln.

Auch in dieser kleinen Einspielung steckt wieder aller-
hand Behauptetes und Legendenhaftes: Jockel, der Einzel-
kämpfer, ein Vertriebener (*1948), der von früh auf allen
Widrigkeiten getrotzt hat und – so vermuten wir, die wir
nichts erfahren – im Gerabronner Metzgershaushalt schon
mal die Wurstsuppe stehenließ.

Aber wer die Fischers irgendwann nach 1945, also evtl.
1947, 1952 oder 1978, ins, ha noi!, Schwabenland flüchten
läßt, will's vielleicht auch nicht genauer wissen.

Jockel: «Ich hab' eher das Schicksal der zweiten Generation, nämlich daß ich in zwei Welten lebte. Zuhause in
den Erzählungen, nämlich in der virtuellen Welt, würde
man neudeutsch sagen, der verlorengegangenen Heimat,
damals waren die Familien noch viel mehr Orte der Erzählung, narrativ, weil das Fernsehen einfach nicht existier-
te, das heißt, das, was man von den Eltern hörte, das hat
natürlich ganz anders gewirkt als heute in der Welt des
Fernsehens. Insofern hab ich nichts dagegen, daß wir uns
Gedanken über das Leid der Vertriebenen machen, aber
immer in der klaren Einordnung der Verantwortung, die,
äh, Deutschland hat.»

Da hätten die zwei Damen vom Bewußtseinsgrill, statt
ihren Gesprächspartner einfach faseln zu lassen, natürlich
mal nachfragen können, wie's Jockels Eltern mit dem Führer hielten, wie bei Fischers über die schweren Jahre als
Volksdeutsche narrativ geredet wurde und ob es also, abseits von Provinz und Laune, irgendeinen manifesten und
zeitgenössisch einleuchtenden Grund fürs Jockelsche Re-

bellentum gegeben habe; statt dessen fröhliche Streicher vom Band und irgendwas exemplarisch Nichtiges, daß der Zuseher nicht vergesse, worum es geht: *Fischer ist ein Verantwortungsethiker, politisch und sich selbst gegenüber. Er verknüpft politisches Handeln mit sportlichem Ehrgeiz. Immer höher, immer weiter.* Schrummschrummdibumm. «Es füllt uns den Kopf mit Brausen» (Beckett: ‹Molloy›).

2. Zur Phänomenologie des Laufens

Die Fundamentalmetapher, die die literaturwissenschaftlich ausgebildeten Damen Schenk und Pinkerneil entdeckt haben, erfüllt ihren Zweck auch im nächsten Abschnitt reibungslos: *Der Marathonmann Joschka F. läuft unaufhaltsam in die große Politik.* Wir sehen geradezu die Furien der bohrenden Nazivergangenheit, die den Marathonmann Jockel F. jagen, um ihm auf den Nerv zu gehen; sofern es sich nicht einfach um die übliche periphrastische Wahllosigkeit handelt. Jockel: «Was ich beim Laufen wirklich kann, das ist wunderbar nachdenken. Ja ich kann sogar formulieren! Ich schreibe manchmal richtiggehend! Im Kopf! Und zwar durchgehend! Beim Laufen setzen sich Assoziationsketten frei.»

Ein gutes, fundiertes Zwischenergebnis; aber Schenk/ Pinkerneil reicht das nicht, sie assoziieren munter weiter: *Der stets selbstbestimmte Aufbruch zu höheren Zielen: Fischers Handlungsmaxime. Er ist ein extremer Charakter. Stillstand wäre für ihn der reinste Horror.* Diese neuerliche Verbeugung vor dem Gegenstand, der auch Journalistinnen doch erst mal und a priori Grund zu Distanz und Kritik sein sollte, vollzieht sich konsequenterweise vor einer Berglandschaft im goldenen Abendlicht: Streicher sehren, die Sonne versinkt hinter dem werweiß Obersalzberg, schon assoziiert es in uns weiter: *Der stets selbstbestimmte Aufbruch zu höheren Zielen: des Führers Handlungsmaxime. Er ist ein extremer Charakter. Stillstand wäre für ihn der reinste Horror,* hoppla! Aber so schnell kann es gehen, wenn frau nicht achtgibt und prompt effektschwanger wird.

Und hat sie, als Germanistin, überdies mal Thomas Mann gelesen, weiß sie auch, daß da nicht nur Wagner, sondern auch Schopenhauer drinsteckt: *Die Welt gestaltet der Läufer Fischer nach seinem Willen ...,* na, na? Genau: ... *nach seiner Vorstellung.* Aaah, das geht uns runter wie Maschinenöl. *Und starker Wille ist Voraussetzung für leistungsorientiertes Training. Kein Zufall, daß Fischer und der Extremsport Marathon zusammenfinden. Marathon heißt Selbstbehauptung, ist was für radikale Individualisten, die Grenzen gezielt überschreiten,* z.B. die zwischen Feuilleton und Reklame; aber über die Sportgewohnheiten der beiden Seichtathletinnen Schenk und Pinkerneil erfahren wir ja leider nichts.

Bilder von der Brooklyn Bridge, New-York-Marathon. Musikeinspielung ‹Keep on Running›. Die Frisur sitzt. Fischer: «In New York war ich nicht richtig austrainiert. New York ist eine sehr tückische Veranstaltung. Man unterschätzt die Brücken. Seitdem hasse ich die First Avenue. Hinter der 80., 90. Straße, da wird's ja qualvoll. Da hatt' ich einen Hänger, und da ist Herbert schnell Cola holen gegangen, und das hat mich gerettet.» Herbert, das ist Herbert Steffny, Jockels Lauftrainer, der dann noch den legendären Satz sagen darf: «Joschka Fischer ist Inhalt, nicht Verpackung!» Unwidersprochen, versteht sich. Wo kämen wir da hin.

3. Telos Politik

Das dritte Kapitel der vorliegenden Arbeit von Schenk/Pinkerneil widmet sich den Formationsjahren von Marathonradikalinski Fischer: hundertmal gesehene Schwarzweißaufnahmen aus Jockels Turnschuhzeit, das Off redet von *rhetorischem Killerinstinkt*, Soundtrack – die Mädels lassen nichts aus –: Fehlfarben, «Geschichte wird gemacht». *Am 27. Oktober 1998 gelingt ihm ein Quantensprung. Er ist ganz oben angekommen: Der erste grüne Außenminister des Planeten – und ohne Schulabschluß!* Sie haben ihn gewählt, sie dürfen auch stolz auf ihn sein. *Das Auswärtige Amt ist maßgeschneidert für einen Individualisten wie ihn. Hier herrschen keine Parteien oder Parteilichkeiten, sondern nur Grundsätze und Interessen.* Mindestens Frau Schenk hat doch mal Kunstgeschichte studiert, da sollte ihr Byzantinismus doch kein Fremdwort sein, wenn hier schon alles so zurechtgebogen wird, daß es auch bloß zum Ergebnis, nämlich zu Jockel Fischer als Heiligenfigur und Erotikobjekt paßt.

Dann fliegt in Zeitlupe ein Farbbeutel, er platzt an Jockels Kopf. Die Sprecherin sagt sehr ernst: *Die Zwiespältigkeit von Macht erkennt Fischer im Verlauf des Balkankriegs. Er wirft seine pazifistischen Überzeugungen über Bord.* Kommentar Jockel: «Das war eine extrem schwierige und einsame Entscheidung, weil, es war die Frage, ob die Koalition, bevor sie überhaupt gebildet ist, schon wieder zu Ende ist. Ich war mir im klaren, daß es gar nicht anders ginge, das war persönlich auch ein sehr schmerzhafter Prozeß ... Ich bin nun wirklich jemand, der auch aufgrund eigener Erfahrungen Gewalt verabscheut.» Sagen wir es noch einmal: Frau Schenk und Frau Pinkerneil sind studierte Geisteswissenschaftlerinnen. Wenn man ihnen etwas beigebracht

hat, das über Mensabenutzung und Ausschlafen hinaus-
geht, dann doch wohl: Exegese. Textinterpretation. Denn
was sagt der Jockel da? Er sagt: «Ich habe dem Krieg zu-
gestimmt, weil sonst die Koalition geplatzt wäre und ich
meinen schönen Außenministerposten gleich wieder verloren hätte.» Das muß man eigentlich gar nicht herausprä-
parieren, es steht ja da. Und was macht die akademische
Elite? Adelt des Außenministers Prozeßschmerzen, die ein
paar tausend Zivilisten mit dem Leben bezahlt haben, und
schreibt einfach von seiner Homepage ab: *Der Völkermord
der Serben an den bosnischen Muslimen trifft den Kern von Fischers politisch-moralischer Identität. Sie ist bestimmt vom Willen,
einen Genozid nie wieder zuzulassen. In zugespitzten historischen
Situationen hat Humanität für ihn mehr Gewicht als pazifistische
Grundsätze.*

Jockel: «Ich hab' Srebenica nie mit Auschwitz verglichen.» Hier flunkert der Jockel, von dem doch der kriegs-
begründende Satz stammt: «Ich habe nicht nur gelernt:
Nie wieder Krieg. Ich habe auch gelernt: Nie wieder Auschwitz», aber auch das lassen die Damen Schenk und Pinkerneil unserem alerten Außenläufer ungeprüft durchgehen,
mein Gott, der Mann ist Politiker, der wird schon nicht
die Unwahrheit sagen. Wieder sehen wir die Berglandschaft im Abendzauber, ein dramatisches Klavier: *Trotz
aller politischen Häutungen bleibt Fischer sich in einem treu: die
Einmaligkeit der Nazi-Barbarei im Bewußtsein der Deutschen zu
verankern. Einen Rückfall, koste es was es wolle, zu verhindern,*
«o mei» (Wolfgang Fierek), «das war so was von furchtbar,
daß ich davon Krebs bekomme» (Calculon c/o «Futurama»);
und 3sat ist schuld.

4. Einsamkeit als Topos

Fischer indes prägt noch etwas, raunt das Off, während ein Jogger gottverlassen durch einen Winterwald trabt: *existentielle Einsamkeit. Er erfährt sie wie einen Befreiungsschlag. Gerade beim Laufen. Zeichnet ihn ein angeborener Sinn für Einsamkeit aus?* Jockel: «Das weiß ich nicht, da kann ich mich nicht selbst analysieren. Will ich auch nicht. So wichtig das Soziale ist, aber zum Sozialen gehört, für mich zumindest, auch die Rückzugsmöglichkeit.» Da weiß der Zuschauer gar nicht, worüber er heftiger den Kopf schütteln soll: über die ranschmeißerische Suggestivität der Frage oder die unverhohlene Banalität der Antwort. *Wiedergefunden hat er diese Lebenshaltung beim britischen Schriftsteller Alan Sillitoe. Ein international berühmter Working-Class-Autor, für den Einsamkeit Ursprung rebellischer Identität und Originalität ist.* Und wieder einer dieser Syllogismen, die perfide zu nennen sich nur deshalb verbietet, weil sie so einfältig sind: Jockel muß auch mal alleine sein, Alleinsein ist rebellische Originalität, also ist Jockel ein origineller Rebell. Ist es auch Wahnsinn, so hat es doch eine Methode, die wenigstens Frau Pinkerneil als ausgewiesene Methodistin (Kronberg 1975) als nicht gut, weil billig hätte auffallen dürfen.

Und es wird noch billiger, denn die Hofberichterstatterinnen Schenk/Pinkerneil haben Sillitoe in dessen Wohnzimmer besucht: «Ich glaube», sagt der, «jeder Mensch braucht Einsamkeit, um sich kennenzulernen, wirklich jeder. Einzigartige Menschen aber noch mehr, weil die schon mit einem Sinn für Einsamkeit geboren werden.» Das ist nicht falsch, aber Demagogie besteht ja nicht zum letzten darin, an sich Richtiges durch einen falschen Zusammenhang böse werden zu lassen. Denn: *Sillitoe und Fischer, be-*

gegnet sind sie sich nie. So macht der feine ältere englische Herr unseren Jockel zum gequälten Großintellektuellen, ohne daß Sillitoe im Ernst wüßte und wissen kann, um wen oder was es überhaupt geht.

Aber Jockel spielt mit, kein Wunder, er ist ja am Gewinnen: «Die Einsamkeit des Langstreckenläufers ist ein Satz, der einen festhält. Und bis ich dann begriff, später, hab's dann auch mal gelesen (!), was das bedeutete, dann konnte ich plötzlich was damit anfangen.» Kein Wunder, daß der in seine Einsamkeit verliebte Außenpolitiker – der das Buch, das doch laut Schenk/Pinkerneil sein Leben verändert hat, irgendwann «mal gelesen» haben will, vulgo überflogen, im Zug oder auf dem Lokus oder wo – *fast wie ein Doppelgänger des Schriftstellers Alan Sillitoe [erscheint]. Beide haben einen radikalen existentiellen Lebensentwurf. Beide sind Autodidakten.* Bei Sillitoe sieht dieser radikale Lebensentwurf so aus, daß er mit vierzehn Fabrikarbeiter werden mußte, mit dem ‹Langstreckenläufer› einen Welterfolg geschrieben hat und heute ein geruhsames und geehrtes Schriftstellerleben in seinem Geburtsort Nottingham führt. Das ist auch in Ordnung so, aber was dieses Leben, über den Allerweltstopos «Einsamkeit» hinaus, jetzt mit dem bildungs- und kunstfernen von Jockel, dem *vernunftbestimmten Skeptiker,* zu tun hat, könnten die Señoras Schenk und Pinkerneil wahrscheinlich nicht mal begründen, wenn sie danach gefragt würden.

Viel lieber spielen sie eine Szene aus der Verfilmung des ‹Langstreckenläufers› von 1962 ein, in welcher der Held Colin beim finalen Wettlauf als Führender vor dem Ziel einfach stehenbleibt: *Colin verweigert sich allen bürgerlichen Normen. Er wirft sie einfach über den Haufen.* Wie Jockel!, kräht der Subtext, und spätestens jetzt möchte man von seinen

Prinzipien abrücken und doch mal eine Frau ohrfeigen; oder sogar zwei! Ausgerechnet der ewige Parvenu Jockel, der jede Frau, die ihm begegnet ist, vom Fleck weg geheiratet hat, der stolze Anzug- und Golduhrenträger und Roter-Teppich-Schreiter Jockel ein Antibürgerlicher, der die bourgeoisen Normen über den Haufen wirft? «Diese Worte legen sich auf die Fakten wie eine weiche Schneedecke, verwischen die Konturen und verdecken die Details» (Schorsch Orwell, 1946).

5. Konflikt und Katharsis. Zur Dialektik des Diplomatischen

«Joschka Fischer war 1982 sicher jemand anders als 1992 und 2002 sicher ein anderer als 1992. Sowohl die hessische Regierungsverantwortung hat mich verändert als auch jetzt vor allen Dingen die Erfahrungen in der Bundesregierung. Dennoch kann ich mit allem Fug und Recht sagen, im Kern, in der Substanz, sowohl der Persönlichkeit als auch meiner Werte, bin ich unverändert konstant. Und das beruhigt mich sehr» (Jockel). Und wer gedacht hat, Journalismus habe irgendwie und irgendwas mit Nachfragen und Nachhaken zu tun, der sieht sich von Schenk/Pinkerneil wie ein Proseminarist vorgeführt: *Verblüffender Beweis* für Jockels allseitige Konstanz nämlich: *Fischers ausgefeilte Gestik* – gegeneinandergeschnittene Aufnahmen von früher und heute: Jockel fuchtelt mit dem Zeigefinger – *bleibt über Jahrzehnte unverändert. Herrscher und Dompteur. Träumer und Narziß. Märtyrer und Visionär. Das innere Gleichgewicht zwischen den Extremen schafft er sich in langen Läufen.*

Wir laufen mal zur Fernbedienung. Aber halt, is ja dienstlich, also weiter:

Der rastlose Außenminister übt sich beim Laufen in Meditation und Selbstreflexion. Ein Läufer am Meer, Abendstimmung. *Wie Sillitoes Langstreckenläufer bleibt er sich dadurch treu, daß er sich kontinuierlich verändert.* Rembremberdeng. *Veränderungen, die unmittelbar auf sein politisches Handeln einwirken,* wie z. B. beim Nahost-Konflikt, dessen unbestrittener Star Jockel ist, wer sonst: «Das Wichtigste, was mir beim Laufen je eingefallen ist, sind die Vorarbeiten zu dem, was heute ‹Road Map› heißt. Da war ich 'ne Stunde unterwegs bei schönem Sonnenschein, da hatte ich alles zusammen, und hinterher nach der Dusche rief ich sofort an und hab es dann mehr oder weniger runterdiktiert.» Jockel, der diplomatische Stratege. «Wenn Sie Konflikte, die tragisch sind, beenden wollen, besteht die eigentliche Leistung in der Zurückhaltung, in der Zurücknahme» und eben nicht im Rumschreien und Gläserschmeißen, wie es noch Amtsvorgänger K. Kinkel praktiziert hat: Jockel hat die Hohe Schule der Diplomatie ganz klar mit Auszeichnung abgeschlossen; wenigstens die.

Die Dialektik von Zurückhaltung und Entschiedenheit beim Aushandeln schmerzlicher Lösungen ist Stärke des Pendeldiplomaten. Mit knapp dreißig hat er eigene Erfahrungen mit der Gewaltspirale gemacht. Das steigert seine Sensibilität für die Ursachen und Folgen des blutigen Kreislaufs in Nahost. Er handelt mit zügigem Pragmatismus. So reden Staatssekretärinnen.

Und kein Wunder, daß Jockel Fischer (58) über seine gesamte Amtszeit hinweg der beliebteste deutsche Politiker war, wenn ihm die vierte Gewalt dermaßen offiziös und zügig pragmatisch im Arscherl herumkrochen ist. Die Traumhochzeit von Dummheit und Affirmation. Herr Ober, einmal Gewaltspiralnudeln für die Damen von der Presse, aber pronto!

6. Ethik, Moral und die Krise des Ich

Ein einsamer Läufer in unwirtlicher Landschaft läuft einen düster umwitterten Hügel hinauf. *Unaufhaltsam: der lange Lauf in die Weltpolitik; und zu sich selbst.* Politischer Machtzuwachs aber hat seinen Preis. Jockel: «Ich arbeite jetzt schon mehrere Jahre jenseits des Limits. Ich merke das am Immunsystem. Ich bin oft zu erschöpft, um noch in die Schuhe zu kommen. Ich will mich dann nur noch zu Hause ablegen. Das ist der Punkt. Was ich sehr bedaure. – Drei Wochen bin ich jetzt nicht gelaufen.» Entsprechend darf jetzt Jackson Browne musizieren, ‹Running on Empty› – unter den Händen von Pinkerneil und Schenk wird schlicht alles zum Wahlkampfvideo. Laufende Beine, Fischer auf den Bühnen der Weltpolitik. Suggestion im Gegenschnitt. Es ist schauderhaft. *Was macht Fischers Charisma bei seinen außenpolitischen Parforceritten* (i.e. natürlich: -läufen) *aus? Wodurch stärkt er das Ansehen Deutschlands an allen internationalen Fronten? Wie stellt er Vertrauen und Glaubwürdigkeit bei den Bündnispartnern her? Was den Ruf des umtriebigen Außenpolitikers begründet: Fischer ist kein opportunistischer Jongleur. Vielmehr ein Mann mit festen moralischen Koordinaten. Ein Ethiker der Macht.* «Looking out at the road rushing under my wheels / I don't know how to tell you all just how crazy this life feels» (J. Browne, a.a.O.).

7. Paradigmenwechsel in europäischer Perspektive

Am 1. Mai 2004 erreicht er das vorläufige Ziel seines Marathons nach Europa. Sein Europamanifest schreibt er bereits im Mai 2000 und bezieht sich dabei auf den großen Europäer Robert Schumann. Vorausschauend mahnt Fischer: «Quo vadis, Europa? fragt uns die Geschichte unseres Kontinents. Und die Antwort kann nur lauten:

Vorwärts, bis zur Vollendung der europäischen Integration.»
Schöner hätte das auch Ulbricht nicht formulieren können; und selbst Jockels Seelenverwandter Sillitoe dürfte
da neidisch werden. Die Ehrfurcht, mit der diese Preziose
politischer Propädeutik kolportiert wird, ist mithin restlos
angebracht.

*Und wie sieht es mit der politischen Zukunft des Europäers
Fischer aus? Mit dem avisierten Megaamt in Brüssel ist's vorbei.
Steht jetzt New York auf seiner Agenda? Oder wird er über 2006
hinaus Nothelfer aus der rot-grünen Dauermisere bleiben? Wenig
wahrscheinlich* ... «Wenn ich nicht mißverstanden werde»,
beugt *Machtkraftwerk Fischer* allen Spekulationen vor, «ich
mach' das weiter, gerne. Nur die Vorstellung, nach diesem
Joch – machen wir's noch ein paar Jahre, bis hinter 2006
deutscher Außenminister: gerne, sehr gerne, das ist 'ne
faszinierende Aufgabe, und dann wieder in ein neues euro-
päisches Joch, dagegen wehre ich mich, nur dagegen – verstehen Sie mich?»

Nicht die Spur.

8. Schlußbetrachtung

Jetzt müssen die beiden Akademikerinnen U. Schenk und
B. Pinkerneil bloß noch den Knoten schürzen und zeigen,
daß sie alles richtig gemacht haben; am besten dadurch,
daß die arme Metapher, die der Arbeit zugrundeliegt, ihre
Qualität beweist, indem sie analytisch fruchtbar gemacht
werden kann. Kann sie? Sie kann:

*Befindet sich der Exläufer Fischer mitten in einem inneren
Systemwechsel? Werde, der du bist: Fischers Devise. Patriarch der
Grünen und selbstbewußter Machtvirtuose ist er geworden. Treibt
ihn sein extremes Temperament erneut zu Höhenflügen, oder ist*

das Ende des laufenden Fischer Indiz dafür, daß es mit politischen Entwürfen bergab geht? Lebensnormalität statt Politik als Extremsport? Fischers Gesamtkunstwerk wäre vor seiner Vollendung abgebrochen. Politischer Mut, eine seiner Tugenden, der Schritt zu verwegenen Veränderungen seines Lebensentwurfes aber wäre ein Abweg. Vielleicht muß er einfach wieder «in die Schuhe kommen» – und wieder zu sich selbst laufen. Das alles ist natürlich schon deshalb Blödsinn, weil es Jockel ja bereits als keuchend fußballerndes Faß zu Patriarchen- wie Virtuosentum i. S. v. Pinkerneil/Schenk brachte; und der Film deshalb an dieser Stelle in doppelter Hinsicht am Ende ist.

Musik, Abspann: Schluß einer journalistischen Bankrotterklärung. Methodisch jämmerlich, inhaltlich eine Zumutung, formal albern bis gedankenlos: die reine Torheit zweier scheint's schwerverliebter TV-Tanten, die, trotz Regino-Preis und Methodenforschung, so ziemlich gar nichts begriffen haben und beste Beispiele für die Rundum-sorglos-Ahnungslosigkeit sind, die auch unseren akademisch bewanderten Journalisten nur allzuhäufig eignet. Angst vor der Oberfläche, Ekel vor der Phrase, der Zweifel als ständiger Begleiter – nichts, rein gar nichts von dieser sprachlich-gedanklichen Grundausstattung läßt sich bei der notabene mehrfach ausgezeichneten Dame Schenk und der sie begleitenden Methodistin Pinkerneil diagnostizieren; weswegen wir die zwei, wo wir hic et nunc schon mal in der Prüfungskommission für Deutsch und Denken sitzen, auch schön durchfallen lassen. Und ich lieber noch mal zu meiner Bekannten gehe und ihr das mit dem Fernsehen ausrede.

DER RAUNPFLEGER
Vom Geschichtenerzähler Alexander Osang

Ein Feuilleton schreiben heißt auf einer Glatze Locken drehen;
aber diese Locken gefallen dem Publikum besser als eine
Löwenmähne der Gedanken.
Karl Kraus

Es ist ein warmer Tag im Spätmärz. Die ersten Triebe begrünen die Straßenbäume, vor dem Fenster rauscht Verkehr. Irgendwo sitzen Menschen in Straßencafés und nippen an ihrem Latte Macchiato. Vielleicht blättern sie in mitgebrachten Zeitungen oder Zeitschriften, gelangweilt, ja unwillig, als ließen sie sich nur ungern vom Lauf der Welt in ihrer Frühlingslaune stören. Allein der ‹Spiegel› versammelt Katastrophenmeldungen im Dutzend billiger: *Die Genforschung des KZ-Arztes / Das Dolchstoß-Drama von Kiel / Lehrer-Funktionäre blockieren Rauchverbote.* Die Leute legen die Zeitungen oder Zeitschriften wieder weg und blinzeln in die Sonne. Ein Jammer, daß sie kein Buch mitgenommen haben.

Und daß nicht wenigstens eine Geschichte von Alexander Osang im ‹Spiegel› ist! Dann brauchte man nämlich kein Buch. Denn Alexander Osang, der für den ‹Spiegel› in New York sitzt, ist ein Geschichtenerzähler. Einer dieser Journalisten, die nicht einfach Tickernachrichten umschreiben oder Politiker so Sachen fragen. Sondern einer, der sich Zeit nimmt. Der zu den Leuten hingeht, sie reden läßt und dann das draus macht, was Journalisten gerne «Stücke» nennen. Geschichten mit Atmosphäre, mit Landschaften und Schicksalen drin.

Also eigentlich Literatur.

Einmal z.B. hat Alexander Osang den Autorenfilmer Jim Jarmusch interviewt, als der gerade einen neuen Film gemacht hatte. *Jim Jarmusch hat sich ein Café im East Village ausgesucht, um über seinen neuen Film zu reden. Der Film heißt ‹Coffee and Cigarettes›, vielleicht dachte Jarmusch, ein Kaffeehaus, das paßt gut.* Vielleicht dachte Jarmusch auch, hey, ich würde zum Interview gerne einen Kaffee trinken, gehe ich mit dem Deutschen also in ein Café. Oder Jarmusch dachte: Ich mag nicht gerne Interviews in der U-Bahn oder im Schlachthof während der Nachmittagsschicht führen, ein hübsches Café wäre da sicher besser.

Man weiß das nicht.

Der Stuhl aber, auf dem Jim Jarmusch jetzt sitzt, steht in einem New Yorker Café im Sommer 2004. Die Gäste haben helle Milchkaffeegläser auf ihrem Tisch, fettfreie Muffins und leichte Laptops. Am Zeitungsständer hängen zwar die ‹Frankfurter Allgemeine›, die ‹Neue Zürcher Zeitung› und sogar die ‹Iswestija›, aber es gibt keine Aschenbecher ... «Ja, ist das nicht bizarr? Fast wie ein Artefakt. Ich frage mich, was sie als nächstes in unseren Bars verbieten wollen. Das Trinken? Das Reden?» sagt Jarmusch und sieht sich um. Der Ventilator an der Decke des Cafés dreht sich, aus dem Cassettenrecorder lullt Miles Davis, der Junge hinterm Tresen liest in einer Bob-Dylan-Biografie. Das alles sieht und registriert Alexander Osang, denn er ist ein guter Beobachter. Einer, der ein Gefühl für Atmosphäre, besonders für dichte Atmosphäre hat, einer, der eine Atmosphäre verdichten kann, ist sie mal nicht dicht genug. Aber das ist sie meistens. Denn Osang kann warten, und das zeichnet einen Geschichtenerzähler schließlich aus: Geduld. Viel Geduld. Schließlich kriegt ein Korrespondent vom ‹Spiegel› Festvergütung.

Irgendwann sagt Jarmusch: «Zigaretten und Kaffee sind starke Drogen, Mann. Auch das wollte ich nicht verschweigen. Ich respektiere Drogen.»

Jarmusch redet schleppend und mit tiefer Stimme, mitunter entsteht der Eindruck, er parodiere einen Autorenfilmer, aber er ist nur ernst, freundlich und überlegt, bevor er etwas sagt.

Und damit die genaue Entsprechung zu Alexander Osang, der auch schleppend und mit tiefer Stimme schreibt, so daß mitunter der Eindruck entsteht, er parodiere einen schmocknahen Kulturjournalisten in New York, der einen New Yorker Autorenfilmer interviewt. Und New York ist schließlich die stärkste aller Drogen, Mann.

«Wenn ich nach drei Wochen im Schneideraum einen Joint rauche, interessiert mich die ganze Cutterei nicht mehr, nur noch der Moment, nur noch der Moment. Es erinnert mich an Hunde, die ihren Kopf in einer neuen Weise halten, wenn sie irgendetwas nicht verstehen, so als würden sie einen anderen Blick ausprobieren. Mein Hund machte das oft», sagt Jarmusch.

Er spielt vor, auf welche Art sein Hund den Kopf hält, was eigenartig aussieht, weil Jarmusch eine große, steife Baseballmütze trägt. Dann trinkt er einen Schluck Tee, leckt sich seine dicken Lippen und streichelt kurz die Brusttasche seines Hemdes, wo er seine Zigaretten aufbewahrt. Wenn er dürfte, würde er sich jetzt eine anstecken. Er darf aber nicht.

Im Leben passiert ganz schön viel gleichzeitig. Meistens Kleinigkeiten, die gar nicht auffallen, an denen wir achtlos vorbeigehen. Deshalb fehlt uns oft der Zusammenhang, die Atmosphäre. Alexander Osang aber sieht immer ganz genau hin, ihn interessiert der Moment. Und nur der Moment. Denn im ganz Kleinen steckt häufig das ganz Große. Und versteht Alexander Osang irgend etwas nicht, hält er einfach den Kopf in einer neuen Weise und wartet, was passiert.

Es gibt keinen Anfang und kein Ende in diesen Gesprächen, die Zeit verstreicht träge.

Aber irgendwas passiert ja dann doch immer. New York halt!

Z.B. sagt Jarmusch: *«Als ich elf Filme zusammen hatte, dachte ich, hey, es ist genug für ein Album», sagt Jarmusch und lacht, als hätte er sich selbst mit dieser Antwort überrascht.* Auch Osang sieht nicht alles; auch Osang kann nicht so ohne weiteres in den Kopf von Jim Jarmusch hineinkucken. Aber so wie Jim Jarmusch eben gelacht hat, da muß es ihn einfach selbst überrascht haben. Und selbst wenn nicht: Es ist sehr stimmungsvoll so, schafft gleich Atmosphäre, an diesem Tag in New York, im Café.

Neben unserem Tisch ist ein junger Mann erschienen, wie ein Geist. Er heiße Marcel, sagt er, und wolle nur kurz mitteilen, wie sehr er Jarmusch bewundere. Er sei außerdem Mitglied der Straßentheatergruppe «Shakespeare in the Parking Lot», und er würde sich freuen, wenn Jarmusch mal bei einer Vorstellung vorbeischaue.

«Das ist mein Geschenk an Sie», sagt Marcel. «Danke, Mann», sagt Jarmusch, der sich die Geschichte ohne das kleinste Zeichen von Ungeduld angehört hat. Einen Moment lang ist unklar, wie es jetzt weitergeht, dann zieht sich Marcel still zurück.

«Gute Aktion. Shakespeare in the Parking Lot. Gut, Mann. Wenn ich's schaffe, guck ich mir das an», sagt Jarmusch.

Eine Szene, die viel, die alles verrät über Jarmusch, über New York und beider Idiom, das, übersetzt man es eins zu eins, im selben Moment aufhört, das ihre zu sein.

Aber trotzdem ist es vielleicht eine gute Aktion, Mann.

Seit zehn Jahren lebt er die Hälfte des Jahres in den Wäldern der Catskills, die andere Hälfte in seinem Loft in der Bowery. Die späten Achtziger hätten ihn aus New York vertrieben, sagt er, schreibt Osang aus demselben New York, das schon längst auch seine Stadt ist; da darf, ja muß man vielleicht nonchalant mit Lokalkenntnis werfen. Sollen die, die New York nicht kennen oder nur vom Jeanskaufen bei Macy's, doch gefälligst nachschlagen, wo und was das ist, diese Bowery. Er, Osang, hat's ja schließlich auch nach New York geschafft; und dabei ist er aus der DDR! Und sitzt jetzt hier ganz easy mit dem Jarmusch, also mit dem Jim eigentlich, in New York im Café rum und talkt ganz locker über die Bowery und fängt Atmosphäre ein, daß es nur so rieselt:

Die Musik des fallenden Schnees?

«Ja, Alter. Wenn es ganz still ist, macht er Musik, der verdammte Schnee.»

Das hat Jim Jarmusch so natürlich nicht gesagt. Sondern «vielleicht» (Osang) ca.: «Yep. When it's all silent, it makes music, that damned snow.» Was schon viel weniger nach ‹Taxi Driver› mal Marlowe klingt, sondern nach gesprochenem, idiomatischem Durchschnittsamerikanisch. Übersetzungen, sagt man, seien im Grunde Nacherzählungen. Und Alexander Osang erzählt nun mal gern hardboiled; jedenfalls wenn's in die Geschichte paßt. Verdammter Schnee, Alter. Is' schließlich New York, Mann.

«Es war eine andere, aber auch keine schöne Zeit nach dem 11. September. An unserem Haus vorbei fuhren die Kipper vorbei, es roch nach Tod. Die Stadt wirkte leblos, ausgestorben. Ich weiß noch, wie Iggy Pop eines der ersten Konzerte gab im Irving Plaza. Ich dachte: Thank you, Iggy. Aber den Leuten, die sagen: Die Welt wird niemals mehr so sein wie zuvor, rufe ich zu: Shut the fuck up!

Auch das klingt in der Verschränkung von Original und Übersetzung samt der Akribie, mit der das alles rapportiert wird, längst nicht so authentisch, wie der Alexander Osang es gerne hat und hätte, sondern viel alberner, als nötig wäre, und unterstreicht noch das Nullige dieser Sätze, die man halt so daherspricht, wenn man im Café hockt und von einem Kraut zum hundertsten Mal nach dem fuckin' 11. September gefragt wird.

Atmosphäre ist halt Wind.

«Politiker sind an Macht interessiert, nicht an Menschen. Die einzigen Menschen, die Macht bekommen, wollen Macht. Und das sind Leute, denen ich nicht traue», sagt er, inhaliert und stößt Rauch in den Nachmittag.

«Es gibt so viele schöne Dinge», sagt Jim Jarmusch.

Literarisierender Feuilleton-Journalismus gehört allerdings nicht dazu. Wer immer nur raunend um die Dinge herumschreibt, um so deren evtl. Kern zu beschwören, der soll gefälligst Romane schreiben (A. Osang: ‹Die Nachrichten›, S. Fischer) und uns Pressenutzer nicht mit seitenlangen Wichtigtuereien behelligen, zu nichts nütze, als die Kompetenz ihres Autors auf den Feldern Polyglottie, Dialogführung und Adabei zu beweisen. Denn irgendwas will man ja auch erfahren, wenn man etwas liest, und nicht nur, daß wer ein Deutsch-Abitur abgelegt hat und überdies weiß, mit welchen zweidrei Kniffen ein Zeitungstext die modische Aura der Coolness, des Nah-dran, des überlegen Literarischen kriegt.

Die man auch affig finden darf, wenn es an Substanz nicht mangelt; Holger Gertz in der ‹Süddeutschen› über obdachlose Zeitungsverkäufer: *Michael löst neuerdings auch die Kreuzworträtsel. Kreuzworträtsel ist eigentlich was für Ältere,*

sagt Michael. Also für ihn. Er ist 37. Mit 44, 45 sterben von den
Obdachlosen schon viele. Sucht, Knast, Depressionen. Depressionen
wegen der Sucht. Sucht wegen der Depressionen. Knast wegen der
Sucht. Das Gefühl, man habe sein Leben selbst versaut oder es sei
einem versaut worden, von einer Frau, vom Pech, vom Chef, vom
Arbeitsamt. Die Kälte auf der Straße im Winter. Und die Wärme
in den Redaktionsstuben, die durch derlei Gebrauchslyrik
weht und alle Empathieversuche verläßlich auflöst; wo
nicht fast obszön macht.

Denn mit einem Obdachlosen hat man nun mal viel
weniger gemein als mit der u. U. auch nicht ganz dichten
Hautevolee der Filmkunst, mit der man sich nämlich über
den Gartenzaun verständigt:

«Ich glaube nicht, daß ein Mensch wertvoller ist als ein Baum
oder ein Stein», sagt Jarmusch.

Ein Stein. Die Schneemusik. Die wiederkehrenden Drogen.
Shakespeare auf dem Parkplatz, der Blick von Jarmuschs Hund.
Für einen Moment spürt man den Rhythmus von ‹Coffee and Ci-
garettes›.

Wir reden noch ein wenig über den Boxsport, die Musik von
Clash, einem japanischen Literaturprofessor, die Veränderung der
Bowery, ägyptische Poeten und die Schönheit des Baseballspiels.

New Yorker unter sich. Boxen, The Clash, ägyptische
Lyrik. Jeder soll es hören, wenn Großstadtintellektuelle
sich unterhalten.

«Ein Baseballspiel kann theoretisch ewig dauern», sagt Jim
Jarmusch irgendwann.

Und irgendwann haben wir die Schnauze dann voll.

Aber Alexander Osang kann auch packend über handfest
politische Themen wie den US-amerikanischen Präsident-

schaftswahlkampf schreiben: *Jim und Pattie Carey schwanken nicht mehr. Sie sitzen in einer mexikanischen Kneipe am Stadtrand von Bowling Green, vor den Fenstern dröhnt die Interstate 75. Das Restaurant ist leer, die tiefe Nachmittagssonne beleuchtet die müden Gesichter des Ehepaars.* Szenischer Einstieg, melancholischer Impressionismus. Der Kopf ist leer, die Sonne steht tief, auch ein Osang kann da lange Schatten werfen.

«Wir müssen die Terroristen im Ausland bekämpfen, um sie nicht hier bekämpfen zu müssen», sagt Jim Carey.

«Die Welt ist besser dran ohne Saddam Hussein», sagt Pattie.

«Präsident Bush steht voll hinter unseren Truppen. Wie wir», sagt Pattie und schaut ihren Mann an.

Jim Carey starrt auf den Kneipentisch. Er sucht nach einer Linie in ihrem Leben. Vielleicht denkt er an seinen Vater, der demokratischer Bürgermeister war, vielleicht an seinen anderen Sohn, der angefangen hat, Kunst zu studieren, vielleicht an Patties vier Schwestern, die Wahlkampf für John Kerry machen. Wer weiß.

Ja, wer weiß. Vielleicht auch nicht. Vielleicht ist an Alexander Osang ein Geschichtenerzähler verlorengegangen. Vielleicht dient sein schwerlakonisches Sagt-er-sagt-sie-Absatz-vielleicht-Geömmel aber auch nur dazu, sagenhafte sechs Druckseiten im ‹Spiegel› vollzumachen, ohne einen einzigen eigenen Gedanken haben zu müssen.

Wer weiß.

DIE VERGANGENHEITSÜBERWÄLTIGTEN
Junge Autoren der Gegenwart schreiben so, wie man
ihnen die Schnäbel hat wachsen lassen

Die Selbstvergessenheit des Subjekts, das der Sprache als einem
Objektiven sich anheimgibt, und die Unmittelbarkeit und Unwill-
kürlichkeit seines Ausdrucks sind dasselbe: so vermittelt die
Sprache Lyrik und Gesellschaft im Innersten.
Adorno

Es ist ja immer mehr dran am Sprachlichen als das bloß
Subjektive, als das ad hoc Äußern und Veräußern eines Gedankens mit sprachlichen Mitteln; denn diese Mittel sind
immer schon all dor, wie auch die Fähigkeit, sich dieser
Mittel zu bedienen, dem Gedanken zuverlässig Grenzen
setzt. Eben im Beschränkten, im Unzureichenden und
Klischeehaften ist Sprache objektiv und gibt nicht nur Auskunft über allfällige Regel- und Stilverletzungen, sondern
auch über ihr gedankliches Substrat und verpetzt die
Selbstvergessenheit des Subjekts, das sich der beschränkten, negativ objektiven Sprache anheimgibt, weil es keine
andere kennt und willig mit- und nachplappert, was man
von ihm hören will.

Insofern ist der Ausdruck der «jungen Autoren der Gegenwart», die im Jahr 2004 für den Aufbau-Verlag unter dem
Titel ‹Stadt Land Krieg› engagiert und trendergeben «von
der deutschen Vergangenheit» erzählten, sowohl hübsch
unmittelbar und unwillkürlich als auch kennzeichnend
für den Oberton der deutschen Debatte um Bombenkrieg
und Vertreibung, Patriotismus und Deutschquote im Ra-

dio und was der neualtdeutschen Tümeleien zuletzt mehr waren. Wie man es auch für fast typisch halten möchte, mit welchen Unbeholfenheiten heutzutage Literaturpreise und Stipendien abzugreifen sind.

Die Enkel wollen es wissen. Sie werfen einen langen Blick zurück – nicht im Zorn, aber mit unbequemer Wißbegier – in einem Staat, in dem ich oder wenigstens die Vernunft was zu sagen hätte, gäb's für so einen Klappentext schon mal dreißig Wochen Sozialdienst, wahlweise Geldstrafe; andererseits schön, wenn sich das Kunstgewerbe so gar keine Mühe gibt, seinen Kitsch einzuhalten, und ohne Arg den kostenlos unbequemen und vorbildlich phrasenhaften Blick zurück im Zorn wagt, auf den wir gerade noch gewartet haben.

Das Vorwort der Herausgeberinnen Verena Carl («Hamburger Literaturförderpreis u. a.») und Tanja Dückers («Zahlreiche Preise und Auslandsstipendien») legt die Latte gleich meilenhoch: *Mittlerweile ist die Täter- oder, wie man heutzutage gerne* (!) *sagt: Zeitzeugengeneration immer weniger präsent, die Zahl der Menschen, die authentische Erlebnisse mit dem Dritten Reich verbinden, nimmt kontinuierlich ab.* Daß man heute lieber Zeitzeugen statt Täter sagt, hat natürlich Gründe, die aber vor lauter literaturförderpreiswürdigem, adornoisch eigentlichem Blähjargon (was sind eigentlich *authentische Erlebnisse?* Gibt's auch nicht-authentische?) unter den Tisch fallen: «Die Generation, die dabei war, stirbt» – ca. so gehen Sätze, wenn Autoren nicht unter dem Zwang stehen, mit dem eigenen Akademikertum mangels anderer Talente hausieren zu gehen: *Konstruierte Geschichten, belletristische Artefakte befinden sich quasi per definitionem auf einem anderen Reflexionsniveau als authentische Familieninterviews,* na schau;

und auf welch authentischem Reflexions- und Ausdrucks-
niveau sich aber quasi- oder wenigstens para-artefaktische
Vorworte à la Carl/Dückers so bewegen, haben wir ja bereits
drei Sätze früher erfahren: *Die jüngste Generation, obwohl sie
die über Grundlagen und Fakten der NS-Herrschaft bestinfor-
mierte Generation seit dem Krieg ist, [ist] dennoch immer weniger
in der Lage ..., sich vorstellen zu können, daß sich geliebte ältere
Familienmitglieder als in irgendeiner Form an diesem Phänomen
beteiligt erweisen könnten,* lies: daß Opa an der Ostfront evtl.
Judenschulen angesteckt hat. Daß sich derlei gedankliche
Verdruckstheit per Redundanz auf die Grammatik legt: obwohl ... dennoch, in der Lage ... zu können, mag als Schulbeispiel für unsere Leitthese gelten, daß schiefes Schreiben
schiefes Denken allemal verpetzt.

Aber nu mal zu den Artefakten:

In der Geschichte von Tanja Langer (Jahrgang 1962,
zwei Romane, ein Hörspiel, P.E.N.-Mitglied) heißen die
Menschen zwar topmodern Vincent und Anka, aber die
Mama verschwindet im Dickicht der Vergangenheit, die
nie vergehen will: *Die Wege zu verlassen. Mich treiben zu lassen. Durch Landschaften, die ich mit mir herumtrage, im Körper,
in den Träumen. Ich höre die Namen von Orten, höre Schlesien
und Böhmen und Sarmatien und hör den Klang, die Flaschen-
post in diesen Worten, die Weizenfelder und den Klatschmohn, die
Hitze und den Harz ... Der Wind streicht durch die Bäume wie
ein Cello* – will wahrscheinlich heißen: Der Wind streicht
durch die Bäume wie der Bogen über die Cellosaite, aber
so wär's natürlich keine *geheimnisvoll-poetische Sprache*, und
die Herausgeberinnen hätten der Tanja Langer im Vorwort
was ganz Falsches attestiert. Jedenfalls: *Es ist sehr kalt.* Natürlich. Weil: *Wir haben mehrere Schichten von Tapeten von den*

Wänden gekratzt; unter ihnen fanden wir Reste des ‹Völkischen Beobachters›. Wir kratzen an der Oberfläche, und untendrunter: Hüttler, ah! Zum Krankwerden, das: *Als ich heute zu Doktor Resel fuhr, fielen mir in den Gängen der U-Bahn verwitterte Rohre auf. So sieht mein Herz aus, dachte ich*, und der «Kopf» aber nicht minder.

Maike Wetzel (*1974, Bayerischer Staatsförderpreis für Literatur, Bettina-von-Arnim-Preis) hingegen erzählt lieber gleich von *Großvater* und seiner Enkelin, die, Joch der späten Geburt, zum Tiefschürfen verdammt ist: *Ich habe Knochen gefunden in der Erde. Bei der Schatzsuche stießen mein Freund Sebastian und ich auf viele kleine und große Knochen. Sie lagen nicht tief in der Erde.* Wir kratzen an der Wand: Hitler, wir graben ein bißchen im Garten: Judenknochen. Direkt erschreckend; aber sowieso geschwindelt. *Meine Mutter drückt meinen Arm mit den Knochen weg von ihrem Körper, sie will nicht, daß ich sie damit berühre. Ich schaue meinen Opa an. Er war dabei, als die Bauarbeiter die Grube für den Keller aushoben. Mein Großvater löscht seine Zigarette,* da kann keiner meckern, da ist alles drin: Großvater, Grube, Glut und eine Tochter, die sich nicht vorstellen will, daß ihr geliebtes älteres Familienmitglied in irgendeiner Form am Phänomen SS beteiligt gewesen sein soll. So geht dann wohl Kreatives Schreiben. *Im Garten reichen mir die Halme des Rasens bereits bis zu den Knien.* Und Gras wachse dann auch füglich über derlei allegorisch-artefaktische Albernheiten.

Nina Petrick (geb. 1965) geht die Sache völlig anders an und beschäftigt sich mit ihrer Großmutter. Die sitzt, wie viele alte Leute, gerne vor dem Fernseher, *in dem gerade ein Musikkanal lief. Über die Bildfläche stöckelte ein Fußballstar in roten Pumps* ... «Heute haben alle nur noch Sex im Kopf», schimpft die Oma: o tempora, o Zores; und verblüffend, wie anschaulich und nonchalant hier jung und alt kontrastiert werden, wie der Generationenkonflikt schlaglichtartig beleuchtet wird usw., aber das Video mit dem Fußballstar in Pumps, das schicke Frau Petrick mir bitte zu, denn ich sähe es gerne; und wüßte gern, wie sich eine Autorin, die vor lauter Kunscht scheint's nicht mal mehr zum Fernsehen kommt, die medialen Ausschweifungen im frühen 21. Jahrhundert so vorstellt. P. – i.e. Petrick, Nina – *betrachtete ihre Großmutter, die ihre Augen halb geschlossen hatte, als könne sie so besser in die Vergangenheit schauen,* denn da ist die Elli, die beste Freundin, von der die Oma jetzt halb blind erzählt: *«Elli sprach gerne von später ... Später werden wir glücklich sein ... Als sie das sagte, war ich schon von der Schule abgegangen und arbeitete in einem Laden. Ich war ja so dumm. Kurz vor meiner Hochzeit wohnte ich natürlich noch bei meinen Eltern und Elli bei ihren. Wir sahen uns nur noch selten. Und dann ging alles sehr schnell. Ich hatte Milch geholt und stand in der Toreinfahrt: Vier Uniformierte sprangen aus dem Lastwagen und polterten durchs Vorderhaus. Sie haben ihre gesamte Familie mitgenommen ... Ich hab sie nie wiedergesehen.»* Und weil die Oma so dumm war und nur die allernötigste Schulbildung hat, spricht sie auch druckreif im Präteritum, weil das die Anschaulichkeit erhöht und uns gewiß sein läßt, daß Peter-Härtling-Preise nicht einfach so verschenkt werden. Denn dafür muß man, wenn schon sonst nichts, den schicken Konjunktiv mit «als» beherrschen: als sei etwas schon Literatur, wenn es nur vornehm klingt.

Herausgeberin Verena Carl wiederum hat *gestern nacht zum ersten Mal seit langer Zeit wieder von meinem Großvater geträumt. Ohne Opi geht es nicht. Wir fuhren mit dem Zug und mußten mehrmals umsteigen. Ich hatte eine Menge Gepäckstücke dabei, abgewetzte Taschen und Schachteln, die aussahen, als hätten sie schon einen weiten Weg zurückgelegt. An jeder Station versuchte ich, unauffällig eine davon auf dem Bahnsteig stehenzulassen. Der Traum muß noch weitergegangen sein, aber das Klingeln eines Telefons schnitt den Film in meinem Kopf einfach durch*, was schade ist, denn es wäre doch gewiß hochsymbolisch und schwerbedeutsam weitergegangen; und daß aber die jungen Leute allen Ernstes glauben oder wenigstens behaupten, sie könnten vor lauter Vergangenheitsgepäck und Hitlerballast keinen Schritt mehr tun, mag Mangel an schriftstellerischer Phantasie sein, ist aber jedenfalls ein aufgewärmter Fl. Illies, der vor Jahren schon höchst publikumswirksam den angeblich dauerpräsenten Furien der Vergangenheit per Golf bzw. Saab-Cabrio in Richtung Reaktion davondüste; und damit, gewissermaßen zum Trost, viel Geld verdient hat.

Während unsere Stipendiaten und Preisträgerinnen ihr Geld sauer in einem Beruf verdienen müssen, den sie gar nicht können: Da nennt ein Dr. Leander Scholz seine Geschichte mutig ‹SS› und läßt sie, um erst gar keine Mißverständnisse aufkommen zu lassen, von *Onkel Karl* und *früher* handeln; da geht es bei Vladimir Vertlib («zahlreiche Preise und Stipendien») frontal um *sechs Millionen Juden* und Nazis in Zivildienstprüfkommissionen oder bei Stefan Beuse («zahlreiche Preise, u.a. Preis des Landes Kärnten beim Bachmannwettbewerb»), metaphorisch schon vertrackter, um ein TV-Gewinnspiel, bei dem der Kandidat, will er den Jackpot knacken, Videospiel-Bällen ausweichen muß, genau wie *Großvater vor genau 50 Jahren. Er mußte Bomben und Granaten ausweichen, die von oben runterfielen*; und natürlich erfahren wir von der *Sehnsucht, an nichts Schuld zu haben* (Matthias Göritz, «längere Aufenthalte in New York, Moskau und Paris», immerhin). Aber wenn die Beiträger und Beiträgerinnen, allesamt doch irgendwie Vertreter des jungen intellektuellen Deutschlands, überhaupt an irgendwas Schuld haben, dann an notdürftig literarisiertem Vergangenheitsbewältigungskitsch, der, damit's nach Grass (*1927) auch im Krebsgang weitergeht, über stumpfes Allegorisieren und familienkundliches Dezwackeln kaum einmal hinauskommt.

Aber einmal eben doch. Zwischen all dem Unfug und Symbolquark findet sich dann doch noch eine lesbare Geschichte, in der weder Großväter noch Knochen hinter Tapeten vorkommen, sondern die Leute ausnahmsweise mal ein echtes Problem haben. Frau trifft Mann, aber es haut nicht hin, weil die Erzählerin der Schwester des Mannes ähnlich sieht, dessen Vater eben diese Schwester früher betatscht hat: *Gestern ... begriff ich, daß wir damals in Amsterdam um die falsche Sache geweint haben. Wir hätten nicht um unsere Väter weinen sollen, sondern um uns selbst ... Seit ich seinen Vater am Bett seiner Schwester gesehen habe, habe ich nie wieder geweint. Ich würde gern darüber weinen, daß ich nicht mehr weinen kann. Aber das geht ja nicht* – denn Tränen sind da keine mehr, nachdem man Katrin Dorn (Jg. 1963, Dozentin für Kreatives Schreiben) und ihre Kollegen über Jahrzehnte zum Heulen gezwungen hat. Weswegen sie jetzt wie erstarrt unter «Hitlers langem Schatten» stehen und selbst Probleme wie Dispokündigung, Kopfjucken und Rammelfrust ohne den «Gröfaz» (Schirrmacher) gar nicht mehr bewältigen können – jedenfalls, wenn der Aufbau-Verlag anruft – und auf Abruf ihr Gefangensein in einer

Vergangenheit beknödeln, die in aller Regel und objektiv nicht die ihre ist. Eine (dann soll's auch reichen mit Adorno) Unwahrheit, die aus jeder Zeile der abiturientenhaften Prosakrämpfe dampft und die zu nichts nütze ist, als das Bild vom geläutert selbstbewußten Deutschland mitzumalen, das, weil es seine Lektion gelernt hat, wieder Bomben schmeißen darf; und unbefristete Kunstgewerbescheine nach Bedarf ausstellt.

Und zwar, was den Jörges (s. o.) freuen wird, ganz schnell und unbürokratisch.

DER INKONTINENTE
Mit Bürger Grünbein durchs Jahr

Ein Auto stand an einem Eck
Und fuhr von seinem Platz nicht weg;
Ich tat's betrachten hin und her
Und wie von Stein war der Chauffeur,
Es roch auch gar nicht nach Benzin,
Ich griff dann mit dem Finger hin,
Da wurd' mir erst die Sache klar,
Daß das nur hingemalen war.
Das Auto, das stand immer stad,
's war nur ein großes Wandplakat.
Karl Valentin

Selbst das Wissen, das unsere Abteien angehäuft hatten, wurde
heutzutage als Tauschware eingesetzt, als Grund zu Hoffart und
eitlem Prahlen mißbraucht.
Umberto Eco

1. Januar

Plötzlich fand sich der Kommunismus unterm Zeichen des Saturn.
Durch die Ruinen der proletarischen Industriereviere streifte zum
letzten Mal das Gespenst, das Karl Marx so freudig willkommen
geheißen hatte. Nun sah es alt aus und grau und verkümmert,
und es gehörte viel Phantasie dazu, aus seinem Keuchhusten noch
einmal die Internationale herauszuhören.

Ja, der Durs. Es ist mit IHM, dem «Götterliebling»
(G. Seibt, ‹FAZ›), nicht ganz so einfach wie mit den anderen
Pegelschwätzern und Agrammatikern, die wir bisher mit
leichter Hand haben versammeln können. Es ist ja nicht so,

daß ER, der mit Anfang dreißig schon Büchnerpreisträger war, nichts könnte. ER, das sei mal so gönnerhaft dahingesagt, kann's ja eigentlich und hat ja viel mehr auf dem Poetenkasten als die allermeisten, die uns aus den Frühjahrs- und Herbstkatalogen der Verlage entgegenäugen. Es gibt wirklich schöne Gedichte von Durs Grünbein. Das, was ein guter und großer Lyriker braucht: Musikalität, ein Gefühl für Rhythmus und Timing, ikonographische und semantische Intelligenz, Bildung – all das hat ER ja. Allein: eine «Schraube locker» (Gerhard Henschel) eben auch.

Es ist eine interessante Spekulation, was aus Durs Grünbein hätte werden können, wenn er zur richtigen Zeit die richtigen Leute getroffen hätte; Leute, die IHN werweiß ein bißchen geschubst hätten in Richtung Witz, Ironie, Subversion, die ihm beigebracht hätten, daß es nie nützlich ist, sich und die Welt allzu ernst zu nehmen, aber sehr wohl, die Relevanz der eigenen Kopfproduktion immer mal wieder zu überprüfen, ob nicht eben doch alles im Zweifel «irgendwo ein riesengroßer Unsinn» (Rolf Dieter Brinkmann) sei. Statt dessen ist ER genau da gelandet, wo ER allem Anschein nach immer hingewollt hat: ins Bildungs- und Großbürgerfeuilleton der Stirnfalten und gelehrten Anspielungen, wo ein Kommunismus nicht einfach kaputt/am Arsch ist, sondern, mon dieu, *unterm Zeichen des Saturn* steht; wo man's unter Platon, Plotin, Kant und Husserl nicht macht; dorthin, wo der hohe Ton des dichtenden Künders nicht als lächerlich empfunden wird und man preziösen Verdrossenheiten à la Rilke noch Ohren schenkt:

7. Januar

Es gibt dich also wirklich nur, solange du schreibst? Nur was,
und vor allem wie du es sagst, soll bestimmen, in welcher Form
dein Bewußtsein für andere präsent ist? Es gibt viele Leute, die
es nur gibt, solange sie Straßen teeren; die hätten allen
Grund, sich zu beschweren. Aber als Dichter, if I may say
so, hast du's natürlich auch nicht leicht. Immerhin kannst
du deine existentiellen Fragen in eine Öffentlichkeit tragen, die sich für so was interessiert, via ‹FAZ› oder den
Suhrkamp-Verlag, für den du z.B. mal ‹Das erste Jahr. Berliner Aufzeichnungen› zusammengeklöppelt hast, ein Tagebuch, das dich durchs numinose Jahr 2000 begleitet hat
und aber die Geringeren draußen auch heute noch mit so
manch aufregendem Gedanken beschenken dürfte; quod
erit demonstrandum, nicht wahr:

19. Januar

Da so vieles, in Büchern und täglichen Zeitungsartikeln, mit densel-
ben Worten, wie du sie benutzt, breitgetreten wird, bleibt dir nur,
ihnen mehr aufzuladen, denselben Transportmitteln schwerere
Lasten zum Tragen zu geben. Dasselbe Wort, das im Feuilleton wie
ein possierliches Kätzchen gestreichelt und gleich wieder wegge-
scheucht wird, leistet dir als Kamel bei deiner Wüstenwanderung
durch das Dasein unschätzbare Dienste. Unvorstellbar fast, wie
schwer die Last ist, unter der Wörter wie *Dasein*, *Wüsten-*
wanderung und, wenn man's nur fachgerecht anstellt,
sogar *Kätzchen* ächzen; wie fast alle Grünbeinsche Prosa
stöhnt unter dem Gepäck aus Metaphernporzellan und tie-
ferer Bedeutung aus dreitausend Jahren Kulturgeschichte,
das sie kamelhaft wogend durch Grünbeins Wüsteneien
schleppen darf.

Unter zwanzig Schrankkoffern macht es Madame nämlich nicht.

20. Februar

Und sie ist neuerdings viel unterwegs: *Washington, Phil-
adelphia, Baltimore, New York. Arbeit an einem Essay über das
Imperiale, die Konstruktion neuen Römertums im Amerika der
Gründerväter, in Architektur, Heraldik, Konstitution und öffent-
licher Rhetorik. Der Titel: «Pizza Americana»*, halt: *«Pax Americana»*. Nein, ein Latinum tut nicht jedem gut. Ein Graecum
aber auch nicht: *Nach der Rückkehr stellen sich, wie jedesmal,
Schwindelgefühle ein. Noch Tage später zeigen sich Orientierungs-
schwächen. Dabei geht es nicht nur um Dysrhythmie, den gewöhn-
lichen Zeitsprung, der den Chronometer im Thalamus durcheinan-
derbringt und das vegetative Nervensystem stört. Es ist die Summe
verschleppter Lebenszeit, die aufs Gemüt schlägt*, die ja, wir erinnern uns, nicht beim Straßenbau, sondern im Flieger
nach New York und im Goethe-Institut von Washington,
bei Sekt und Häppchen, verschleppt wird. Anschließend
Jetlag, tagelang. Er ist nicht zu beneiden, der Durs.

7. April

Denn während der Malocher um vier Feierabend hat und
sich dann vor die Glotze schrauben kann (*Fernsehn: die täg-
liche Über-Ich-Dusche*, so Durs kritisch bereits am 19. März),
muß Durs von früh bis spät Gedankenarbeit leisten, *wan-
dern die Gedanken* wo nicht allabendlich, so doch *von Zeit
zu Zeit zurück nach Pompeji*; wohin auch sonst. Der durch-
schnittliche Erwachsene denkt dreißigmal pro Tag an Sex,
Durs lieber an Pompeji, so hat halt jeder seine Leiden-
schaften. *Seltsamerweise gehört der Besuch der Totenstadt zu*

den lebendigsten Momenten meines Lebens ... Niemand hätte mich ansprechen dürfen dort, von keinem verlangte ich Auskunft, so vertraut war mir alles. Denn Durs Grünbein hat uns Phäaken mindestens das voraus: gutes, allseitiges Wissen in antiker Mythologie: *Im Handumdrehen hatte Thanatos, die Mißgeburt, sich erst in Hypnos und dann in Psyche verwandelt. Vor dem Mysterienfries stehend, spürte man, wie im Flug die Zeiten vergingen: Als Menschheitsgeschichte rauschten sie durchs Gedächtnis. Immer noch scheint mir, das aufregendste Gemälde, das mir je zu Gesicht kam, muß eine Szene aus diesem Bilderzyklus gewesen sein: die Episode, in der Dionysos auftritt als blutjunger Gott. Erinnere dich, was hast du gesehn dort? Ein kniendes Mädchen, Jungfrau dem Alter nach, enthüllt einen mächtigen Phallus, der da als Apotropäum aufragt,* als, äh, was? *Hinter ihr wartet geduldig die Erynnie Tisiphone, eine Abgesandte der Juno,* um sich erst mal eine anzustecken und uns mitzuteilen, was der genital umrahmte Bildungslärm, abseits dichterischer Selbstdarstellung, denn soll, aha: *Was da verhandelt wurde, das ahnte man, war seit den Malkünsten jenes unbekannten pompejanischen Giotto im wesentlichen sich gleichgeblieben. Dank Freud erschien manches nunmehr in einem nüchternen Licht, in der klinischen Beleuchtung unserer Tage. Und dennoch ging es um ein und dasselbe. Eros und Thanatos trieben immer noch ihr Unwesen ... Unauflöslich wie damals die sexuelle Verstrickung der Geschlechter.* Ob Pompeji oder Paderborn: gebürstelt wird halt immer. Und gestorben auch! Das hat der Durs uns sagen wollen. Aber Durs sagt es natürlich anders: *Niemand war ausgenommen von den Gesetzen des Stirb und Werde.*

«Genau» (Alfredl Leobold, 1934–1974).

20. April

Der frühe Cézanne kalziniert den herrschenden Impressionismus von innen heraus, im späten findet sich, lange vor seinen offiziellen Manifestationen, der Kubismus, und zwar nicht nur im Ansatz, sondern zuendegeführt, verwirklicht, es ist schon erstaunlich, was der Mann (= D. Grünbein) alles weiß und partout nicht für sich behalten kann. Alles muß raus. Sonderschlußverkauf der Eitelkeiten. Wäre ich Durs, ich diagnostizierte intellektuelle Inkontinenz, und zwar nicht nur im Ansatz, sondern zuendegeführt, verwirklicht.

23. April

Wenn der Wunsch, jemanden wiederzusehen, so übermächtig wird, daß man bereit wäre, fast alles zu tun oder zu geben für seine Erfüllung, dann wird es Zeit, von Liebe zu sprechen, anders gewendet: Wenn der Wunsch, ein lecker belegtes Wurstbrot zu essen, so übermächtig wird, daß man an den Kühlschrank rennt und losfrißt, dann muß man wohl von Hunger (lat.: fames) sprechen.

3. Mai

Zurück zu meiner Giftküche ... Hier sitze ich stundenlang wie in einem Aussichtsturm, zugleich über und unter dem Geschehen. Hier destilliere ich meinen ganz besonderen Alkohol aus zwölf Prozent Weltschmerz, achtzig Prozent Rebellion gegen die Zeit und einem winzigen Rest von Stolz, den ich in Verse verwandle. Diese hochprozentige Mischung hört sich keine Woche später, unter dem einwandfrei exemplarischen Titel *Millennarische Grillen,* dann so an: *In dir der Stammbaum, wurzelnd im Nichts, / Draußen die Erde, ein Staubkorn im All – / Warum nur ist man auf Leben erpicht, / Den kleinen Seufzer im großen Krawall? / Reicht es nicht, einfach vorbeizugehn, / Spuren verwischen, solang das Herz schlägt? / Statt dessen Strophen, das Umundumdrehn / Auf einem Planeten, der alles erträgt.* Nämlich auch klaglos solche staubigen Strophen, aus denen die achtzig Prozent Rebellion geradezu herauswehen.

18. Mai

Dabei hat Durs durchaus einen politischen Standpunkt, eigentlich sogar zwei. Der eine: Er ist total gegen Hitler. *Für Hitler war die Erde, von den Großmächten zum beherrschbaren Globus verwandelt, eine Art Wanderpokal. Wie im Sport sollte von nun an immer der Stärkste, der Schnellste ihn sich erringen. Wer dabei schlappmacht, mochte untergehn, er hatte es nicht besser verdient. Auf diesem simplen Gedanken ruht Hitlers ganze geopolitische Botschaft,* und Durs hat ihn uns mitgeteilt, die wir Hitlers geopolitische Botschaft immer für eine hochkomplizierte, sich aus den vornehmsten philosophischen Quellen speisende gehalten haben. *Am deutlichsten kommt sie in seinem politischen Testament zum Ausdruck, am Ende dieser blutigen Olympiade der Völkervernichtung, deren Schirmherr er zwölf Jahre lang war,* wie er ja auch auf das olympische Motto, wonach Dabeisein alles ist, stets größten Wert legte; und darum auch die halbe Welt zum Mitmachen gedrängt hat.

Ja, die Metaphern! (Ein halbes Jahr später wird Durs kongenial aus der *Steinwüste* New York berichten, dem *Termitenhaufen* Manhattan ... «Metaphernstarke Gedankenprosa» fand da völlig zu Recht und wohl ganz im Ernst die Andrea Köhler von der ‹Neuen Zürcher Zeitung› ...)

Jedenfalls: *Ich selbst habe das Dokument eingesehen, in einer Vitrine des Imperial War Museum in London,* womit der gültige Beweis erbracht wäre, daß dieses Dokument existiert:

Durs hat es gesehen, dann muß es auch dasein. *Sein erstaun-licher Wortlaut gehört in die Schulbücher,* da ist er natürlich längst, aber Durs ist von seiner einmaligen Entdeckung der wahren Natur des Führers ja wie berauscht, man muß das verstehen: *Darin verwünscht er, nachdem der Untergang mit der militärischen Niederlage besiegelt ist, das deutsche Volk wie ein enttäuschter Trainer seine eigene unterlegene Mannschaft. Die Schwächlinge mit dem schwarz-rot-goldenen Trikot haben ihn hängen lassen, sie haben schmählich versagt beim Kampf um den großen Pokal* wie auch bei der Wahl des richtigen Leibchens, denn Schwarz-Rot-Gold, die Farben der Republik, hätte der Führer sicher nicht allzugern gesehn.

Aber unser umfassend bewanderter Durs hat ja ohne-hin ein ganz anderes Dokument eingesehen, denn in Hit-lers politischem Testament stehen die berühmten Sätze: «Wenn der Krieg verloren geht, wird auch das Volk ver-loren sein. Es ist nicht notwendig, auf die Grundlagen, die das deutsche Volk zu seinem primitivsten Weiterleben braucht, Rücksicht zu nehmen. Im Gegenteil ist es besser, selbst diese Dinge zu zerstören. Denn das Volk hat sich als das schwächere erwiesen, und dem stärkeren Ostvolk ge-hört ausschließlich die Zukunft. Was nach diesem Kampf übrigbleibt, sind ohnehin nur die Minderwertigen, denn die Guten sind gefallen» gar nicht drin, wie sie überhaupt nur mündlich geäußert wurden, und zwar gegenüber Albert Speer am 18. März 1945, anläßlich des sog. Nero-Befehls.

So.

Aber schön war's in London natürlich trotzdem. Man kommt halt rum.

20. Mai

Der andere Standpunkt jedenfalls: *Moskau, das dritte Rom, ist gefallen. Was nun? Die Revolution, der große Hoffnungsfresser, der immer nur schlingt, nie verdaut, ist an ihren Eingeweiden erstickt.* Durs kennt sich zwar umfassend aus, in Neurobiologie, Lyrik und allem, aber daß man, wenn man nur schlingt und nie verdaut, an seinem Darm ausgerechnet erstickt, scheint mir weder medizinisch noch metaphorisch recht einleuchtend. *Die roten Dämonen sind ausgestorben ... Was kommt nach dem Zusammenbruch dieses elenden Systems staatlicher Industriesklaverei?* Verblüffend nun, daß Durs, der Seneca flüssig im Original zitieren kann und über kalzinierten Impressionismus genauso Bescheid weiß wie über Embryonenforschung und Psycholinguistik, diese simple Antwort schuldig bleibt: Nach dem elenden System staatlicher Industriesklaverei kommt, natürlich, ein elendes System privater Industriesklaverei. Andererseits erklärt das womöglich, warum die Bildungsredakteure der ‹FAZ› unablässig Latein ab der dritten Klasse fordern: Es scheint da einen Zusammenhang zu geben zwischen Turbohumanismus und gesellschaftspolitischer Blindheit auf dem rechten Auge. Das rein Geistige, es verträgt sich halt schlecht mit dem lästigen Alltagsgeschäft aus Suppenküche und Kapitalgemeinheit.

Kein Wunder dann, daß dem gebürtigen Dresdner Durs, der doch so gern und professionell den Denker gibt, zu seinem Geburtsland («DDR») nur das wirklich Allernötigste einfällt:

4. Juni

Die letzte Bemerkung zu diesem lächerlichen Gebilde namens Deutsche Demokratische Republik gebührt ausgerechnet einem amerikanischen Dichter, dem Lyriker Robert Frost (nomen est omen), mich friert jetzt schon. *«Before I built a wall I'd ask to know / What I was walling in or walling out»* ... *Mit genau dieser Unentschiedenheit fing alles an, damals am 13. August 1961* ... *Mit diesem Paradoxon, diesem in einem Vers erfaßten Dilemma, diesem schwebenden Junktim ging die ganze Herrlichkeit in einer Nacht mit Kerzenschein sang- und klanglos zuende,* viel sang- und klangloser jedenfalls als die Durssche, der seine durch und durch unsensationelle Einschätzung mit Paradoxon und Dilemma und Junktim aufblasen muß, als ahne er immerhin, wie läppisch und gebraucht dieser Spitzengedanke ist, gell.

7. Juli

> *Berlin, durch ein glänzendes Diaphragma gesehn,*
> *Hamburg, die noble Stadt an der Alster, in einer Blutlache*
> *gespiegelt,*
> *Und erst die Provinz, das vollplastische Leben auf dem*
> *frustrierten Land ...*

Das lassen wir jetzt einfach mal so stehn.

3. August

Durs, um noch einmal darauf zurückzukommen, ist tatsächlich ein Rechter, und die Feststellung der ‹Zeit›, Durs sei der «tauglichste Anwärter auf den Posten des Nationaldichters», geht da gleich doppelt in die richtige Richtung. Gerne glauben wir Durs, daß es gerade für einen Solisten wie ihn in der DDR eher öd bis schwierig war (und sein klassizistisch-«formalistisches» Kunstverständnis also auch als Reaktion auf die Gebote des sozialistischen Realismus zu verstehen wäre); aber die intellektuelle Redlichkeit geböte es doch, nicht auf den dummen Trick der Bürgermedien hereinzufallen, die Honecker und Marx in eins setzen und den Fall des einen zur Denunziation des anderen mißbrauchen. *Walter Benjamin als Internierter im Stadion von Colombe bei Paris, höflich und doppelt verlassen, ins Gefängnis der Rassefiktion eingesperrt – in diesem Herbst (1939) war der Marxismus gestorben. Während Hitler und Stalin ihren Nichtangriffspakt schlossen, war er eingegangen, sang- und klanglos* (damit hat's der Durs), *und ward nur mehr als Todeshauch spürbar unter den jungen Hunden.* Was sich hier lyrisierend thanatoshaft gebärdet, ist nichts weiter als ein salbungsvoller formulierter Leserbrief aus der ‹Frankfurter Allgemeinen›, ist die Weltsicht des ordinären Dipl.-Ing. aus Esslingen oder Dr. jur. aus Krefeld, die es mit Ernst Nolte halten und immer schon gewußt haben, daß der Hitler zwar schlimm, Stalin aber schlimmer war; von Honecker zu schweigen. Von da bis zur Überzeugung, bei der DDR habe es sich im Grunde um einen Nazistaat gehandelt (Oliver Nagel: «Die Stasi-Methoden der Nazis»), ist es nur ein so kleiner Schritt, daß selbst ein leidenschaftlicher Stubenhocker wie Durs ihn tun kann; natürlich, wo sonst, in der ‹FAZ›, die den Durs ja schließlich großgezogen hat und also weiß, was sie von ihrem Pappenheimer erwarten darf: *Woher kommt, über die Zeiten hinweg, die Verwandtschaft zwischen den Dienern des Worts? Ich weiß es nicht. Ich weiß nur, daß wenigstens mir, dem von einer späteren Diktatur Geprägten, Hartlaubs verbale Kamerafahrten durch die Landschaften des Dritten Reiches sofort vertraut waren ... Fünfzig Jahre nach ihm war ich selber Student in Berlin. In seiner scharfsichtigen Zusammen-*

schau aller habituellen Erscheinungen erkannte ich wieder, was
mir selbst über den Weg gelaufen war dort. Damals die Pelzstola
der russischen Tochter aus höherem Haus neben dem Braunhemd
des deutschen Studentenbund-Mitglieds, zu meiner Zeit Jeans und
Parka neben der FDJ-Uniform.

Es ist schon so eine Sache mit der Verwandtschaft der
Diener des Worts, über die Zeiten hinweg: Wo sich ein
Erich Mühsam von den Nazis zu Tode prügeln ließ, mußte
Durs bei der FDJ blöde Lieder singen, obwohl er gar nicht
wollte; Carl von Ossietzky sitzt vier Jahre im KZ und ver-
reckt daran, du sitzt in Staatsbürgerkunde oder ML und
wirst praktisch zu Tode indoktriniert; Walter Benjamin,
wo wir gerade dabei waren, nimmt sich auf der Flucht vor
der Gestapo das Leben, dir hätte die Vopo einmal fast den
Mopedführerschein weggenommen.

Man muß die DDR nicht wiederhaben wollen, um derlei Ranwanzereien an den rechten Zeitgeist ziemlich eklig
zu finden.

7. August

Aristoteles schreibt im fünften Buch seiner Metaphysik: «Natur
(physis) heißt in einer Bedeutung die Entstehung des Wachsenden
(gleichsam als wenn man das y in physis lang aussprüche), in ei-
ner anderen der erste immanente Stoff, woraus das Wachsende er-
wächst; ferner dasjenige, wovon bei einem jeden natürlichen Dinge
die erste Bewegung ausgeht, welche ihm selbst zukommt, insofern
es das ist, was es ist. Wachsen (natürliches Werden) aber schreibt
man allem zu, was Vermehrung durch ein anderes dadurch erhält,
daß es mit ihm in Berührung und zusammengewachsen oder an-
gewachsen ist, wie die Embryonen.»

Will sagen: Durs wird nächste Woche Vater. Wozu ein

Phallus doch alles gut ist! Aber bevor die Lütte da ist und nichts so sein wird wie vorher (*Nichts würde so sein wie vorher*), sei noch rasch eine der ganz großen Fragen verhandelt:

Leben, was ist das? Der Augenblick zwischen zwei Stadien des Nichtseins.

«Es gibt ein Bedürfnis der Schreibenden, Einfaches so zu sagen, daß es sich nicht mehr so einfach anhört, schlichte Aussagen, die zwar nicht schimpflich sind, aber als zu dürftig empfunden werden, so aufzumöbeln, daß sie doch noch nach etwas klingen» (Dieter E. Zimmer).

Insofern wäre Durs so etwas wie ein Bedürfnisanstaltsleiter; Zimmer würde ihn schlicht einen Schmock nennen.

16. August

Der offizielle Geburtstermin. Ein friedlicher Vormittag, wir tun, was wir immer tun, spät aufstehn, Frühstück im Feinkostladen bei Evas Freunden, gründliche Zeitungslektüre. Frühstück im Feinkostladen, gründliche Zeitungslektüre. Nichts, worauf man neidisch sein müßte, aber ohne daß er's wollte, gibt Durs hier seinem alten «Freund» Marx recht: Das Sein bestimmt eben doch das Bewußtsein. Frühstück im Feinkostladen, das war in der DDR einfach nicht drin, dafür darf man der herrschenden Klasse dann auch mal ein Lied singen und elysisch elfenbeinern durch die Gegend raunen, daß unsereinem das Apotropäum (Bier) aus der Hand fällt.

Daß der Götterliebling und Musensohn und Kindsvater Grünbein am Ende aber nur ein simpler Großstadtposeur mit Bourgeoisallüren ist, der selbst beim vorgeburtlichen Champagnerfrühstück das Renommieren nicht sein lassen kann und *gründliche Zeitungslektüre* (was ein eitler Umlautkrampf) für ein intellektuelles Alleinstellungsmerkmal hält – normale Menschen lesen einfach Zeitung –, sei hier mal nur erwogen.

17./18./19. August

Kinderkriegen kann jeder, ein Grünbeinkind kriegen ist da schon was ganz anderes: *Nur wer erlebt hat, welche Erleichterung die sogenannte Peridurale Anästhesie (PDA) einer Gebärenden bringt, weiß sie zu schätzen. Nicht wahr, liebe Nihilisten, da heißt es Abbitte leisten? Verglichen mit der Lektion, die unsereinen die gezielte Anwendung von Betäubungsmitteln lehrt, bleibt jede Kulturkritik bloßes Ressentiment.* «Es gibt eine gewisse Art von gekünsteltem Unsinn den der Halbköpfige leicht für tiefe Weisheit, ja wohl gar für ein Weben des Genies hält» (Lichtenberg D 526), und der Großkopferte, w. z. b. w., erst recht.

20. August

Der Mund hatte sein Hauptziel gefunden, die Mutterbrust. Der Moment der Vereinigung lief nicht weniger ingenieurstechnisch präzis ab als das Andocken der Raumfähre an einer Orbitalstation. Beim Anblick der winzigen Lippen, die sich um die Brustwarzen schließen, kommt einem plötzlich die Erleuchtung: Das Matriarchat beruht auf dem Saugreflex, während, diese Erleuchtung kommt jetzt gerade mir, das Patriarchat gewissermaßen auf dem Saufrefl...

Nein?

Doch.

22. August

Angst – abgründigster aller Abgründe im Unbewußten, nein, Leute, ich mag nicht mehr. Das ist ja nicht zum Aushalten!

Überspringen wir doch den Herbst (wird ja doch wieder nur mit Nietzsche, Freud, Windelwechsel, dem *erotischen Moment, wenn der Staat die Nerven verliert*, Kulturmüdigkeit, *res secundae*, Raumfahrt, *Poesie, Trance, Introspektion*, Edgar Allan Poe, Aids und Gehirnforschung vertrödelt) und fragen uns der Vollständigkeit halber, was Durs uns zum Jahresausklang zu sagen hat, bittesehr:

31. Dezember
Silvesterparty im kleinsten Kreis, in der Besetzung eines Streichquartetts mit guten Freunden. Quasi una phantasia. Zu Gast ist ein schwedisches Künstlerpaar, sie Cello, er Violine. Eva spielt die Viola da Gamba und ich, was spiele ich? Während der Fischsuppe taucht bei Tisch ein Thema auf, das sich erstaunlich gut eignet zu mancherlei Variation, bis die Zeiger endlich auf zwölf stehn.

Es geht um den Anteil der Biographie an der Dynamik historischer Zeit.

Ich weiß nicht, ich weiß nicht; aber diese angestrengt ausgestellte Bürgerlichkeit, diese Mischung aus Fischsuppe, Streichquartett und den letzten Dingen, diese verbissene Bourgeoisie vor Bücherwänden: darf man das am Ende albern, eitel und, je nun, antiaufklärerisch nennen?

Ich hätte nichts dagegen.

IM KRACHKOMA
Wo Prahlhans Küchenmeister ist: Michael Lentz

> *Avantgardismus oder was man so nennt aus Prinzip vertreten zu*
> *wollen, wäre doch ganz unsinnig, besonders, wo doch so wenig*
> *Derartiges bei uns vorhanden ist und meistens nur eine gewisse*
> *Frechheit und Überheblichkeit der Hintergrund aller dieser*
> *Unternehmungen ist.*
> **Gottfried Benn**

Den Mann, schrieb Tucholsky «bekanntlich» (Durs Grünbein) über A. Hitler, gebe es gar nicht, er sei nur der Lärm,
den er produziere. Michael Lentz, Bachmannpreisträger des
Jahres 2001, ist gewiß kein Nazi, aber einen Lärm schlägt
er, das hätte Tucholsky gefallen.

Genauer: Er läßt schlagen. Denn nach Grünbein ist
Lentz der zweite virulente zeitgenössische Dichter, der
vom Feuilleton der ‹Frankfurter Allgemeinen› protegiert
wird, was sich zuerst als Ehre niederschlägt, ebenda auf
Seite uno abgedruckt zu werden. Und das geht dann z.B.
so:

Parnass,

Gipfel,
ganz klar.
George Cram Cook's
Lebenstraum.
Geht dahin, der Cook,
kriecht hinauf,

himmelragender
Gipfel Parnass,
steht oben, schaut sich um,
nimmt
Witterung auf,
empfängt,
:
Ein Traum
ist
absolviert,
George Cram Cook
spricht nun
zu seiner Frau:
«Also komm,
lass uns irgendwohin
gehen und einen trinken.»

Und dann darf man sich entscheiden, ob man lieber lachen oder weinen möchte; in beiden Fällen darüber, mit welch formal und inhaltlich simplem Geklimper man heutzutag und hierzulande zu Ehren und auf Parnässe kommt; ganz klar.

Wenn man nur die richtigen Leute kennt bzw. Fans hat wie den Richard Kämmerlings von eben dem *FAZ*-Feuilleton, der drei Tage nachdem George Cram Cook nach Traumabsolvierung einen saufen gegangen ist, mit einer schicken Leitglosse vorfährt: «Mensch! Extreme Sprech-akte: Michael Lentz vereint die Gegensätze ... Ein heimli-cher Höhepunkt der letzten Literatursaison ist das knapp einstündige Gespräch, das Lentz mit seinem ebenbürtigen und doch so gegensätzlichen Partner führte – mit Herbert

Grönemeyer.» Könnte es einen größeren Gegensatz geben?
«Könnte es einen größeren Gegensatz geben: Michael
Lentz, experimenteller Lyriker, Sprechkünstler und Bach-
mann-Preisträger, interviewt den massenkompatiblen
Rocksänger Grönemeyer ... Und Lentz, mit allen Wassern
der Avantgarde gewaschen, biedert sich nicht etwa an, sondern stellt gleich zu Beginn fest, daß er Grönemeyers Texte
als Gedichte liest.»

O Wunder: Da kommt einer aus dem Avantgarde-Haar-
studio, biedert sich nicht an, sondern lobt a tergo drauflos
und liest gereimte Verse nicht etwa als Prosa oder Busfahr-
plan, sondern, potzteufel, als: *Gedicht!* Als, na eben: *lyrics!*
Das macht jeder junge Mensch, der etwa «The boy with the
thorn in his side / behind the hatred there lies / a murder-
ous desire / for love» (Morrissey) in die Schulbank ritzt, zwar
auch, aber der hat höchstens Krach mit Mutti oder ein ima-
ginäres Verhältnis mit Verena aus der 10b und eben keine
zweibändige Dissertation ‹Lautpoesie/-musik nach 1945› in
der Bibliographie stehen, wo im Zweifelsfall der «Vorrang
der Form vor dem Inhalt» (Kämmerlings) betont und mit
Klauen verteidigt wird; als hätte ernstzunehmende Literatur oder Poetik den je angegriffen.

Und Grönemeyer? Kriegt vor Lentzens vorbildlich an-
biederungsfreiem und seminarhaftem Rhabarbern über
Benjamins Aura-Begriff, die *besondere «Verklebung» von Stimme
und Text in Grönemeyers Gesang* und *Varianten zwischen Book-
let und gesungener Version als Differenz von Mündlichkeit und
Schriftlichkeit* immerhin und laut Kämmerlings ein «er-
schrecktes, stirnrunzelndes Lachen» hin.

Eins rauf, Herbert.

Aber seit Michael Lentz (*1964) mit einem gar nicht

mal unöden und also echt Klagenfurter Innerlichkeits- und Kleinschreibgeschraube (*krankenzimmer. verwesungskammer. auf den friedhof. in die zerstreuung entfernung*) völlig verdient den Bachmannpreis gewonnen hat und vertragsgemäß dichterdüster von Klappentextfotos heruntergucken darf, geht er nicht, wie weiland George «Cram» Cook, schön mit der Gattin in die Kneipe, sondern nutzt die Gunst der Stunde und veröffentlicht wie nicht recht gescheit, was einem als doppelbandpromoviertem Lautpoetiker womöglich leichter fällt als uns stinkfaulen Leisetretern: *was hört was kommt vom draußen ich. / das muss ein wagen träger sein / dem niemand fehlt den kommt allein / von selber aus dem kuckuck zum,* heißt es nur vordergründig wahllos im einschlägig betitelten Gedichtband ‹Aller Ding› (S. Fischer 2003), der dann u. a. so weitergeht: *über den lethe // tanzt die grete / geschwind geschwind / du himmlisches kind / lass uns vergessen / was wir vermessen / abgepackt und und weggesackt / doch grete hieß nur käthe / die war 'ne alte gräte / so kamen wir zum lethe / leider allzu spete* usw.

Und immerhin das muß man bewundern: Hat man, Jahrzehnte nach Jandl, Gomringer, Rühm und Mon, das Laut- und Konkretpoesieticket erst einmal in der Tasche, läßt sich's darauf tatsächlich fein fahren, auch wenn es nur eins fürs Trittbrett ist:

a
b
b
a

a
b

b

a

c

c

d

e

e

d

heißt es bspw. tendenziell aura- und gedankenfrei unter
dem Rubrum *Sonette*, und wenn ich bedenke, daß ich für
mein ca. zum selben Zeitpunkt entstandenes Gedicht ‹So
werde ich Thomas Gsella›, das ungefähr und wenigstens so
ging:

a

b

b

a

a

b

b

a

c

c

d

e

e

ficken

weder Bachmannpreis noch Buchvertrag erhalten habe,
sondern nur zustimmendes Grunzen von Gsella selber,
dann bin ich damit doch im Ernst viel besser bedient und
muß nicht auch noch in stundenlanger Heimarbeit Bücher
wie ‹Neue Anagramme› (S. Fischer) ausfrickeln:

RAUCHEN VERBOTEN
Auch roten Verben
bot er Nerven. Auch
nervte ob Rauchen
er. Aber noch TV-neu
raucht er eben von
Vorrat neben euch.

Dann doch lieber ein nettes Rettchen, hust!

Überhaupt: das Anagramm. Damit hat's der Michael
Lentz, das läßt ihn nicht los. *ERZAEHLUNGEN // lehren Zeug*
an / Zunge leer. Nah / an Herz luegen / Lunge, Zehe Ran- / zen an –
UrHegel? Vom Kopf auf den Arsch gefallen? *TAUCHSIEDER.*
Die Ars-Uchte, / die Rat-Suche: Ich rede Stau, und das ja nun be-
stimmt bzw. aber mit voller Absicht, wie der passionierte
Anagrammatiker bei einer Poetikvorlesung im Berliner
Colloquium programmatisch kundtat: «*Wiederholung und*
Erinnerung sind dieselbe Bewegung, nur in entgegengesetzter
Richtung», heißt es beim alten Dänen, womit, nebenbei, Kier-
kegaard gemeint ist, aber so einer wie Lentz, der schreibt
nicht einfach Kierkegaard hin, wenn er Kierkegaard meint,

dann hätte das Proseminar ja nichts mehr zu tun, und es ist ja auch viel eitler und dümmer so; aber weiter im Text: *Das ganze Tun ist ein einziger Wiederholungszwang, Ordnung schaffen, Essen, Trinken, selbst frühmorgens oder zu einer bestimmten Tages- oder Nachtzeit Aufstehen, selbst Aufstehen ist eine einzige Wiederholung*, abermals so ein origineller Gedanke, aber schöner noch ist dieser hier: «Das Zitieren geht mir auf die Nerven. Aber wir sind eingeschlossen in eine fortwährend alles zitierende Welt, in ein fortwährendes Zitieren, das die Welt *ist*», aber der ist von Thomas Bernhard und von 1967, als Klein Michael gerade im Kindergarten seiner Heimatstadt Düren angekommen war und vorzugsweise Turm bauen/Turm umwerfen wiederholte.

Aber originell soll es ja auch gar nicht sein, denn Franz Mon, Lentzens scheint's Säulenheiliger, ist ja nun auch schon ein paar Jahre her; es sei nun also pfleglich mit dem Erbe umgegangen: *«Identität ist variierte Wiederholung»*, heißt es bei Franz Mon. Und das ist so einer dieser Schlüsselsätze. Dieser Satz «Identität ist variierte Wiederholung» hat mich bei der sprichwörtlichen «Herstellung» des 1998 erschienenen Buches ‹Neue Anagramme› besonders intensiv beschäftigt, bevor sich eine Lösung einstellte ... Aus der Titelzeile «Identität ist variierte Wiederholung» habe ich nach monatelanger Überlegung folgendes Anagramm gebastelt: «Identität ist variierte Wiederholung» ... Unüberprüfbar hat die Ausgangsgestalt alle denkbaren Variationen durchrast, könnte man denken, nicht auszudenken, um wieder in ihre Ursprungsform einzurasten − die ja nicht ihr Ursprung ist. Sieh an; kein Gedanke so gebraucht, keine Idee so alt, daß man nicht erst monatelang an ihr herumbasteln müßte, um sie dann vor Publikum noch großartig zu erklären.

Aber irgendwann hat auch ein Wiederholungsneurotiker wie Michael Lentz genug von Variation und Permutation und Erektion, da will er seine Bücher, wo er den Vorschuß schon verbraten hat, einfach vollkriegen und probt also die Identität von Grand-Slam-Poetry und Seitenschinden – aus dem ‹Aller Ding›-Kapitel «Einzeilen»: *am anfang war das wart* [neue Seite, S.G.] *aus dem sinn aus dem wort aus der welt* [neue Seite] *das ist fast erzählend* [neue Seite] *das, wovon wir reden* [neue Seite] *sie wissen es vielleicht noch nicht* [neue Seite] *DICHTER NEBEL* [neue Seite] *sex ist kein thema* [neue Seite] *was soll ich daran sagen?* [neue Seite und immer so weiter]»; fast nur zu toppen und auch getoppt durch die Folgeabteilung «Einworte» (Auszug!): *STARREN* [neue Seite] *homophoniens* [neue Seite] *tatsachenkern* [neue Seite] *sachenmachen* [neue Seite] *machtverhältnisse* [neue Seite] *so jetzt reicht es nicht*, aber eben natürlich doch [neuer Absatz].

Aus dem Inhaltsverzeichnis des Prosabandes ‹Muttersterben› von M. Lentz: *Garten / Mach 3 / Weltgeschichte / Allora! / Vielmehr ist es so / Die zigarette / Ein fleck / Nein / Das ist ja nicht weniger geworden / Platte machen / Einige anmerkungen zum fliegen im flugzeug nach Rom nebst anmerkungen / Abseits / Il était une fois … / Prosit Bärlin! / Also doch / Einige biologische tatsachen und andere erfindungen / Spätaussiedler zerstückelt schwester / Ficken lag in der familie / Herr B. isst gerne eine schnitte brot.* «I glaub, Sie müssen a bisserl ins Gebirg fahrn, zur Erholung» (Oma Häusler, München-Lehel).

Michael Lentz (ehem. Düren, jetzt Berlin, Bachmannpreisträger 2001 usw.) ist nämlich und natürlich auch als prima Prosaautor unterwegs (‹Liebeserklärung›, Roman, S. Fischer 2003): *Zwei Jahre unterbreiten wir eine Körperauslöschung. Eine Existenzwiderlegung. Völlige Kontrolle der Geschlechts-*

teile. *Das Regungslose trainiert. Einen jahrelangen Ehezustand der absoluten Ficklosigkeit haben wir aufkommen lassen.* Das hätte dem Mann (*1964) ja mal jemand sagen können, daß Wendungen wie *Ehezustand der absoluten Ficklosigkeit* schon bei einem 19jährigen albern wirken und daß Explizität bei der Sexualbeschreibung heutzutage nach allem riecht, nur nicht nach «Authentizität», geilem Realismus oder gar Literatur. ... *du vibrierst, verlangst mich, dein nasser Mund, deine Mauern einreißende Geilheit. Die so frisch ist und ungestillt, du reckst mir deinen schönen, nassen Schoß entgegen, nimmst meinen pochenden Schwanz, ich rase dir zu, gleite mit den Fingern in deine Möse, lass dich zappeln, während du mich sofort zum Abspritzen bringen willst,* Frauen! *Deine bewundernswerte Dildotechnik. Wie du den Kunstschwanz ins Loch jagst* will man doch als halbwegs seriöser Leser schon auf Seite 11 nicht mehr wissen, zumal der Satz natürlich noch weitergeht inkl. Hui-Wörtern wie *Schamlippen, Harnröhre* usw., aber das lasse ich jetzt mal weg, wir sind hier ja nicht beim Gynäkologen.

Schon eher auf der Wortbaustelle: *Berlinaufenthalt als Zurruhekommenanstrengung.* Kein Wunder, daß die Kanzlerin neuerdings so erschöpft aus der Unterwäsche schaut. Schließlich: *Deutschland ist zu spät. Ein sich selbst überlebt habender Kasten. Tarifrunde. Helfershelfer. Reformmotor abgewürgt.* Die deutsche Literatur des frühen dritten Jahrtausends: eine Mischung aus ‹Sabine Christiansen›, Jungmännerglosse im Stadtmagazin und innerem Bewußtlosstrom: ... *und alle haben dieses Deutschebahngesicht, machen diesen genötigten, völlig sinnlosen Deutschebahnschlaf, der zu nichts führt, der nur noch kaputter macht, dieses im Gußsessel Sitzen, den Kopf in eine Traumnische des deutschen Hirnpolsters geklemmt, der deutsche Bahnschlaf, der einen noch sinnloseren Schlaf mit sich bringt, nach sich zieht, zur Folge hat, hinter sich herzieht, ich bin jetzt eine Woche jeden Tag stundenlang Deutsche Bahn gefahren, ich muß jetzt eine Schlaftherapie machen,* und, im Vertrauen, nicht nur die.

Und das Feuilleton? Hat zum Glück aufgepaßt: «Große Literatur», erkennt Beatrix Langner in der ‹Neuen Zürcher Zeitung›, «in seinen elegischsten Passagen meint man den leibhaftigen Thomas Bernhard zu hören», da muß der Tinnitus aber schon besonders laut sein, und daß es Bernhard-Kopien längst im Dutzend billiger (und besser) gibt, hat sich bis Zürich scheint's auch noch nicht herumgesprochen. «Die Schwierigkeit, dem Thema Liebe noch etwas Neues abzuringen – das ist der Motor, der diesen furiosen Text so beweglich macht», betätigt sich Susanne Messmer in der ‹taz› als Literaturmechanikerin im ersten Lehrjahr, denn die Schwierigkeit des Motors der Liebe ist doch bloß, eine gute Dildotechnik zu haben und M. Lentz gleich zum Abspritzen zu bringen, *ich möchte mich zurückerobern, in dir, ich möchte wieder wachsen, in dir, damit du wieder naß wirst, auch ganz für dich allein* – wer der Thema Liebe ähnlich Neues abgewinnt und an Susanne Messmer schickt, der darf sie dann wohl heiraten; wenn er will.

Allein und ausgerechnet die ‹Zeit› und ihr Friedhelm Rathjen haben die Augen offen und können ein «großes Gähnen» nicht unterdrücken, während Julia Encke in der ‹Süddeutschen› lediglich eine «gewisse Leichtigkeit fehlt» –

dabei fehlt doch alles: das Gefühl für die Form, dafür, was geht und was nicht mehr geht, ein grundsätzliches Stilempfinden, das einem halbwegs bei Troste seienden und wenigstens erwachsenen Autor verböte, im Jahre 2003 innere Monologe, Bewußtseins- und Assoziationsströme nicht nur zu gebrauchen, was einfältig genug wäre, sondern überdies mit Bernhard, Bahnkritik, primitivem Schwanzgerede und sprachmaterialer Altbäckerei zu verzopfen, ohne eine Spur von Ironie und Grazie, einfach so und frei heraus, weil's so schön nach Entäußerung, Hochmoderne und poète maudit klingt – den literarischen Flurschaden, den Open Mike-Wettbewerbe und Slam Poetry über die Jahre angerichtet haben, könnte bei Gelegenheit auch mal wer untersuchen.

Und wiederum erstaunlich, daß es hundert doch irgendwie belesene Literaturredakteure braucht, damit mal einer darunter ist, der den Trick mit der Wiederholungspoetik durchschaut und diese unerhörten Abgestandenheiten, diesen inspirationsfernsten Secondhandstil, diese unendlich fade Kacke riecht und erkennt, es ist, bei Gott, doch so schwer nicht: ... *früher habe ich mal getestet, ob ich dauernd an Sex denke, kam aber auf keinen grünen Zweig, indem ich mich nämlich fragte, «denkst du gerade an Sex», dachte ich natürlich gerade an Sex, weil ich mich ja fragte, ob ich gerade an Sex denke, das Nicht-an-Sex-Denken wurde also nach links und rechts durch die Frage, «denkst du gerade an Sex», unterbrochen, ich weiß auch gar nicht, was das ist, Sex ... da prankt Vollmond durchs Fenster, ich möchte Vollmond beschreiben wie noch niemand zuvor, komme aber immer nur bis «Vollmond», es ist dermaßen Vollmond, daß ich schon die Wölfe heulen höre, das Völkerschlachtdenkmal bei Vollmond, dieses in Vollmond getauchte Monster, der Völkerschlachtdenkmalhund, ich würde in die Knie gehen, das wäre ein Lebensschrecken, ein Vollmondvölkerschlachtdenkmal, ein Vollschlachtmondvölkerdenkmal, ein Schlachtmondvölkervolldenkmal, ein Triebstau, ein Vollmondvölkerschlachtdenkmalhund, meine Füße zwei Klumpen Eis, Vollmond ist keine Frage der Alters-*

vorsorge, nein, das ist er nicht, dazu braucht's schon ein Vollknallvollmondkalb wie Herrn Michael Lentz, wohnhaft Berlin, wahrscheinlich Prenzelberg.

(Das ist ja auch ein altes Ding, Sätze gegen ihren Urheber zu verwenden; aber einmal darf ich doch auch probieren, wie mir alte Hüte stehen – also: *Und soll man seine Zunge hüten? Die manchmal so lose ist, so stolpernd. Die blindlings hinausfällt. Wie oft sage ich mir: Zurückhaltung, Mundhalten, das Maß aller Dinge.*)

Hier steht der Lentz und kann nicht anders: *Ich stehe in diesem Zusammenhang für einen offenen Literaturbegriff zwischen Tradition und Experiment. Beide sind nicht, auch wenn das immer wieder versucht wurde und wird, unabhängig voneinander zu denken.* Noch so eine Wahrheit, nur: Wenn Zwischen-Experiment-und-Tradition-Stehen einzig und allein heißt, die Experimente der Tradition stur zu wiederholen, ohne ein bißchen unabhängig oder gar, horribile dictu!, ironisch zu denken: ist das denn gut? Hm?

Aber mit Ironie haben's unsere Großdichter ja anscheinend eh nicht so. Denn immerhin an diesem Punkt ähneln sich der Bildungsgeck Grünbein und der Slam-Kräher Lentz: daß im Zweifelsfall alles raus muß, was einem hic et nunc so durch die Rübe rauscht, ohne jede echte, ungespielte, nichtkokette Distanz zum eigenen Großkünstlertum. Und während Durs im Prinzip und hin und wieder dichten kann (sein Großgedicht über Descartes ‹Vom Schnee› z.B. darf man ohne weiteres schön finden), kann der Lentz wirklich nur Laut geben: *die dohle ist ein vogel auch / mit einem grauen grauen bauch / der fink ist flink / das wissen wir / und auch der himmel / ist ein tier*, brummdischrumm

und schrummstibummsti, und Thomas Poiss von der ‹FAZ›
spricht sicherlich für viele, wenn er urteilt: «Die deutsche
Literatur hat eine mächtige Stimme hinzugewonnen, von
der noch viel zu hören sein wird – und sein soll.»

Es wird sich wohl nicht vermeiden lassen.

Denn so wie das Frankfurter Weltblatt den Grünbein ja
nicht gepusht und großgezogen hat, um dann nicht auch
jeden drittklassigen Krempel abzudrucken: *Er rauchte nicht,*
trank nicht. Beim Bankett gab er den Vegetarier. / Noch Stunden
vorm Ende seine einzige Schwäche war Schokolade. / Verschollen
die Leiche, nie obduziert dieses Prachtstück von Arier ... (i.e. Führer
Hitler, der Verf.), gilt jetzt auch der Lentz als Gewährsmann
für Angelegenheiten der höheren Poesie, den man immer
fragen kann, weil er immer was zu sagen hat, und sei's nur
zum Tod eines alten Mannes, der vergleichbar oft auf die
Ömme gekriegt hat: *Schmeling ist keine ungebrochene Ehre.*
Zögern und Stolz. Heut würde er früher umfallen ... Wir wissen
nichts von ihm. Schwankende Schatten. Fliegende Vorgeschichte.
Spätere Auftritte. Politisch brisant, nicht wahr. Hatte aber jüdische
Freunde, nicht wahr. Maßliebchen? Und blieb zu Hause, wo er nicht
mehr zu Hause willkommen war? Nun nimm mal den Mundschutz
raus und – verstehe, Angst, eins auf de Fresse zu kriegen; aber Maul
aufreißen, historische Gestalt und so, ne, und Schmeling reichte
schon für zwei von uns. Die ‹Frankfurter Allgemeine Sonntagszeitung›, die dieses ein- bis mehrschlägige Geschlunze abzudrucken sicherlich keinen Augenblick gezögert hat, verstand sich dann auch dazu, noch diese felsengroße Torheit
hinterherzuschicken: «Der Dichter Michael Lentz, 40, boxt
regelmäßig im Boxtempel Berlin-Weißensee. Den Text»,
jetzt kommt's, «hat er als SMS geschrieben.»

«Das ist dümmer, als nötig wäre» (Kraus).

Vier Wochen später darf der Dürener Doofkopp dann sogar, vorläufiger Höhepunkt des self-fulfilling Wahnsinns, die Leitglosse bestreiten: *Windstille in Dunkelland. Zehn Thesen zur Poesie.* Zehn Thesen also, schön wichtigtuerisch aufgemacht mit römischen Zahlinitialen und alle ca. dieser gedanklichen Sonderklasse: *Nach wie vor gibt es Dichter und Dichterinnen, wohin das Auge sieht. Eine Generation jagt die nächste. – Die deutschsprachige Poesie hat zurückgefunden zu einer konkreten Anschaulichkeit ... Neue Formen zu finden scheint dabei eine zentrale Aufgabe geblieben zu sein. Nicht die inhaltliche Disposition bürgt hier für Authentizität, sondern die scharfsinnige Lösung formaler Problemstellungen. – Nach Ernst Jandl gibt es keinen Ernst Jandl mehr. Warum eigentlich nicht? War Jandl doch Goethe? – Im Westen nichts Neues. Außer Neuen Medien. – Die deutschsprachige Poesie ist derzeit die international bedeutsamste. Alleine schon Friederike Mayröcker zu nennen genügt. Beweis: Es gibt keinen Gegenbeweis. – Jede Bestandsaufnahme dieser Art will morgen überholt sein.* Derlei koketten Unfug halten dann beide, der Dichter und sein Hausblatt, wohl für die Ironie, die mindestens dem promovierten Lyrikclown so komplett abgeht. Es ist aber nur: der reine Scheiß. Leere Lautfolgen, semantisches Nichts. Ein Abgrund von Sinnleere und Krawall, der nicht weniger gähnt, nur weil man mal was von Postmoderne gelesen hat und glaubt, daß jedes Mundauftun schon ein Inhalt ist. *Keine Strömungen derzeit, höchstens Brisen und Rettungsschwimmer, kein Arschloch der Jahrtausendwende.*

Wenn er sich da mal nicht irrt, der Michael Lentz.

DREI FRAUEN

So produziert das deutsche literarische Fräuleinwunder, das nicht
zuende gehen will, seine Wunderfräuleins. Das Starsystem des
Buchmarkts erfordert eine neue Art von Eitelkeit und bekommt
genau die Art von Literatur-Simulation, die es verdient.
Robin Detje

die kunst des westens wird von gymnasiasten gemacht, das darf
man nicht vergessen. erstaunlich zwar, was dann doch noch alles
aus diesen kindermündern kommt, ganz und gar unerstaunlich
aber eben, wie tragikklein und bedeutungslos das ganze dann
bleibt.
Ronald M. Schernikau

1. Die Bilderstürmerin: Was die Juli Zeh eigentlich für eine ist

Was ist die Juli Zeh eigentlich für eine? Wir sind da, wie
üblich, gut informiert: Geboren 1974, Studium der Juris-
prudenz und in diesem Fach außerordentlich begabt
(Spitzenexamen, wie gerne erzählt wird), überdies (hier
wird's für uns erst interessant) Absolventin des Deutschen
Literaturinstituts in Leipzig, ebendort zu Hause und (noch
interessanter) Trägerin folgender Preise: Deutscher Bücher-
preis, Preis für Essayistik der Humboldt-Universität Berlin,
Caroline Schlegel-Preis, Förderpreis des Bremer Literatur-
preises, Rauriser Literaturpreis, Hölderlin-Förderpreis,
Ernst-Toller-Preis.

Das ist schon toll.

Diese vielen Preise hat Juli Zeh ganz zu Recht gekriegt

für klangvolle Sätze wie: *Eine Vorstellung kommt in mir auf,*
die geeignet ist, mich völlig außer Gefecht zu setzen. Oder: *Mir*
wurde schlagartig klar, daß ich mich auf fatale Weise geirrt hat-
te. Und v. a.: *Manchmal, wenn ich in die Luft starrte, anstatt zu*
arbeiten, stellte ich mir zum Spaß vor, ihr perfekt rosafarbener
Mund würde sich plötzlich verspannen und durch die aufeinander-
gepreßten Lippen würde sich aus ihrem Gesicht heraus eine dicke
braune Wurst Scheiße schieben.

Sätze wie von Hölderlin nicht mal erahnt.

Der «Ausnahmejuristin» (‹Brigitte›) Juli Zeh Debüt-
roman ‹Adler und Engel› ist in 24 Sprachen übersetzt, wiederum zu Recht, denn er ist «sensationell» (ibid.), «erstaunlich und fulminant» (‹Süddeutsche›), «schlagfertig, ruppig
und intelligent» (‹Die Zeit›), «ein traumwandlerisch sicher
hingelegter Roman» (‹Spiegel›), «wunderbar durcherzählt»
(‹taz›), ja «ungelenk bis peinlich» (so ausgerechnet Matthias
«Racak» Rüb in der ‹FAZ›).

Weil Juli Zehs Erstling (445 Taschenbuchseiten) so gut
gelungen ist und sie ja schließlich am Deutschen Litera-
turinstitut gelernt hat, wie man Bücher schreibt, hat sie
gleich einen Wälzer nachgelegt (566 Seiten), wo gleichfalls
sehr gut gelungene Sätze drinstehen: *Die Aura hochnäsiger*
Sauberkeit, die sie umgab, ließ sich weder von Regengüssen noch
von feuchter Sommerhitze beeindrucken. Oder: *Sie sah aus wie*
eine weißhäutige Carmen und führte heißes Blut in den Adern.
Und v. a.: *Plötzlich klatschten seine Hände hart gegen ihre*
Stirn, er schob sie von sich und zog sich zurück, und als er seinen
Schwanz gerade aus ihrem Gesicht herausgebracht hatte, spritzte
er ab und traf sie mitten ins Gesicht. «Eine ganz ungewöhnlich
begabte Schriftstellerin» also, deren «durchtrainierte Sprache» und «hochgebildeter Scharfsinn» dem Ulrich Greiner

in der ‹Zeit› gleichermaßen gefallen haben und die mit links einen «intelligent konstruierten» (‹taz›) Roman verfaßt hat, eine «unpathetische, verdichtete Reflexion philosophischer Fragen der Existenz, der Ethik, der Identität» (‹Frankfurter Rundschau›), wo nicht gar ein «ein schauriges Gestotter und Gestöckel» (Robin Detje in der ‹SZ›, einer hat halt immer was zu meckern).

Und also ragt Juli Zeh «unter den jungen deutschen Schriftstellern als großes Erzähltalent heraus» und bleibt aber nicht wohlfeil im Elfenbeinturm (Leipzig) hocken, sondern «mischt sich streitlustig in politische Debatten ein» (‹Der Spiegel›), z.B. im ‹Spiegel›: *Müßte ich die Kapitalismusdebatte zeichnen, würde ich zunächst ein Quadrat malen und senkrecht in zwei Hälften teilen. Auf die eine Seite schriebe ich ein «L» für das linke, auf die andere ein «R» für das rechte politische Lager. Dann zöge ich mit geschlossenen Augen einen Zickzackstrich quer hindurch, die Buchstaben zerschneidend. Der Strich würde nicht einmal von Ecke zu Ecke reichen.*

Malen kann sie also auch noch.

Wie die Juli Zeh überhaupt ein bißchen viel kann. Die hochbegabte Ada aus dem ‹Spieltrieb›, die *seit ihrem vierten Lebensjahr lesen und schreiben kann,* für ihre Lehrer zu schlau ist und die Tage damit hinbringt, auf dem Klo und rauchend Balzacs ‹Comédie Humaine› zu lesen, das ist Zeh natürlich selber, und der Ich-Erzähler und Karrierejurist Max in ‹Adler und Engel›, dem *der Landesjustizminister die Urkunde für die beste Abschlußnote meines Jahrgangs* aushändigt, das ist sie auch. Löblich und beneidenswert das alles, wenn Hoch- und Überbegabung nicht manchmal so nah am Größenwahn siedelten, und wenn wir eingangs behauptet haben, daß der sprachliche Zweifel des Dichters höchste Tugend ist, dann wird schnell klar, warum eine, der scheint's nie wer Grund zum Selbstzweifel gegeben hat, so zweifellos schludrig und präpotent daherschreibt und es, weil der Mitteilungsdrang halt doch zu mächtig ist, auch nie unter 450 Seiten macht. Daß die Zeh für ihre knallig-kolportagehaften (‹Adler und Engel›) bis eitel-unlesbaren (‹Spieltrieb›) Romane um Koksmafia bzw. Adoleszenzverwirrung das übliche ahnungsferne Großlob vom Großteil des Feuilletons bekommen hat, läßt den Kreis sich schließen. Und so wird uns Frl. Zeh, wenn mich nicht alles täuscht, die nächsten Jahrzehnte als selbstbewußt-streitlustige Romanautorin und Mitspracherechthaberin gehörig auf den Senkel gehen.

Denn Romane schreiben, das kann sie ja nun wirklich nicht, und mit «Literatur» (Zeh) hat das alles auch nicht viel zu tun, sofern Literatur mehr ist als den Konjunktiv beherrschen und dufte Metaphern finden. Vielleicht ist es zu weit ausgeholt zu behaupten, daß man den guten Schriftsteller an seiner Metaphorik erkenne; umgekehrt erkennt man einen mindertalentierten Autor aber sicher an seinen schlechten Metaphern, egal ob in der dafür besonders begabten ‹Frankfurter Rundschau› (*Die Blechlawine explodiert* – im Ernst, so stand es da) oder zwischen den Buchdeckeln der Produkte des Schöffling-Verlags.

«Ein gutes neues Bild will gefunden sein, es läßt sich nicht herbeischwindeln» (Dieter E. Zimmer), aber Zehs Juli lügt, daß sich die Metaphernbalken biegen: *Wie alle frei kreisenden Felsbrocken im Universum besaß auch er einen warmen, flüssigen Kern, den er jedoch mit allen Mitteln der Ratio zu verteidigen wußte.* Ohne philosophieren zu wollen: Nichts, was kreist, kreist frei, schon gar nicht, wenn es das im Universum tut und einen warmen, flüssigen Kern hat und also eher ein Planet (und dann recht eigentlich kein Felsbrocken) ist, dann hat es nämlich eine Umlaufbahn. Inwieweit man einen warmen, flüssigen Planetenkern, der im Falle der Erde um die 7000 Grad hat, mit Ratio verteidigen kann bzw. muß, ist ein weiteres Geheimnis, das sich mindestens mir nicht recht erschließt; und wenn man das doch kann, weil der warme Kern eines Menschen mit rauher Schale gemeint ist, dann kann man es erst recht nicht, weil bei erdkernmäßigen 7000 Grad und einem Druck von 3500 Erdatmosphären zum Verteidigen nicht allzuviel überbleiben dürfte.

Dieses Lächeln paßt zu ihr wie ein bequemes Kleidungsstück, das ist natürlich ebenfalls Unsinn, ein Kleidungsstück kann hochbequem sein und dabei rein gar nicht zu einem passen, wie ein Holzfällerhemd dem Karl Lagerfeld eben wenig stehen würde. *Ich presse meine Stirn gegen ihr Brustbein, Knochen auf Knochen, zusammen sind wir mehr ein großes Reisigbündel als ein Menschenpaar aus Fleisch und Blut.* Wer im Leben mal ein Reisigbündel gesehen hat, wird einen Eid darauf schwören, daß es wie alles aussieht, nur nicht wie ein Menschenpaar, und sei dieses noch so aneinandergepreßt. *Der Mond steckte im Himmel fest wie ein Stück Falschgeld im Zigarettenautomaten,* nie im Leben, sonst sähe man vom Mond ja nur einen Strich. *Shershah hatte außer Alkohol nur Chips und Schokoriegel gekauft, von denen letztere flüssig in ihren Folien glitschten wie Sperma in einem Kondom,* und so herrlich schokoladig geht es in einem Präservativ garantiert nicht zu, «es darf unerbittlich alles behauptet werden, dafür ist nichts davon wahr» (Schernikau).

Und wie schrieb der Dr. Benn: «Wie, oder wie wenn, oder es ist, als ob, das sind Hilfskonstruktionen, meistens

Leerlauf» – gut, dabei handelte es sich um ‹Probleme der Lyrik›, die nicht ohne weiteres die Probleme des Romans sind, aber Juli Zeh scheint doch ein gutes Beispiel dafür zu sein, daß in der wahllos verstreuten Metapher, auch wenn sie ausnahmsweise nicht von vornherein falsch ist, ein Leerlauf steckt, wie er auf Dauer auch Prosa nicht bekommt: *Ein Marder, geformt wie eine Salami auf Beinen / Der folgende Donner ist kaum zu glauben, er klingt, als wäre der ganze Himmel aus Holz und würde von einer riesigen Axt getroffen / Unser Fleisch ist aufgeheizt, als wären Mikrowellen in der Luft, die uns von innen heraus gleichmäßig garen / Mein Mund grinst, als hätte jemand eine Banane quer hineingesteckt* und ewig so weiter, bis es wieder mal in die Hose geht: *Das Blaue in Jessies Augen sah eigentlich auch aus wie ein Fisch, der mit dem Bauch nach oben schwimmt.*

«Die Metapher ist für den echten Dichter nicht eine rhetorische Figur, sondern ein stellvertretendes Bild, das ihm wirklich, an Stelle eines Begriffes, vorschwebt» (Nietzsche, ‹Geburt der Tragödie›) – man muß es ja nicht mit Jörg Fauser halten, für den Literatur untrennbar und absolut mit realer Erfahrung verbunden war: «Schreiben, was man gesehen hat», aber wenn etwas permanent und offensichtlich und hanebüchen ausgedacht ist, wenn die Metapher in neun von zehn Fällen nur als rhetorische Krücke dient, dann, Postmoderne hin und Textimmanenz her, wird es angeberhaft, kindisch und, vor allem, leer: *Die Luft leistet meinen Bewegungen Widerstand, als würde ich mich in einem Bottich halb geronnenen Schweinebluts wälzen.* Ei gewiß. *Ein Müllwagen bog um die Ecke und trank Mülltonnen auf ex.* Aber ja doch, Kindchen. Und wenn wir uns an die Haltlosigkeit der Sprachbilder erst mal gewöhnt haben, begegnen wir auch allem übrigen mit Mißtrauen: *Draußen im Hof werfe ich das Eis auf den Boden und trete es mit dem Absatz in den Staub, ein matschiges Gefühl, bis das Papier aufreißt und die weiße Sauce mir über den Schuh spritzt, bis hoch zum Socken, ich spüre es sickern und klebrig werden am Knöchel.* Auch das glaube ich keine Sekunde: daß für gewöhnlich störrisches Einpackpapier reißt, nur weil man ein bißchen darauf herumtritt, daß einer im Schuhabsatz genug Nerven hat, um ein «matschiges Gefühl» zu kriegen, und erst recht nicht, daß man ein Eis so zertreten kann, daß es in den Schuh hineinspritzt. («Geht aber doch!» mag da ein junggebliebener, zu Scherzen mit Speiseeis aufgelegter Leser brüllen, aber dafür könnten wir dann nichts: Denn wer hundertmal lügt, dem glaubt man die Wahrheit nicht.)

Daß dann auch der unmetaphorische Rest hinten und vorne nicht stimmt, sei nur der Vollständigkeit halber notiert: *Die ersten Vögel piepsen*, Wecker piepsen, Vögel piepen oder zwitschern oder tirilieren, *das ist der Humor des Schicksals, ich zwinge mich zu lachen*, da lachen wir gerne mit, ein solches Schicksal hätten wir nämlich auch gern, *sie gibt ihrem Blick Auslauf über die Felder, auf denen Sonnenblumen ihre schwarz gewordenen Köpfe der Erde zuwenden, als würden sie wie alte Menschen gebeugt den Boden betrachten, unter dem sie bald zu liegen kommen werden*, alte Menschen kommen aber entweder *in* den Boden oder *unter* die Erde. «Ich schreibe, seit ich ein kleines Kind bin» (Zeh). Viel weitergekommen ist sie seither nicht.

Die ständigen Havarien sind dabei nicht nur peinlich, sondern lassen auch Zehs literarische Ansprüche absaufen. So ist ‹Adler und Engel› erkennbar als knallhart realistischer

Thriller gedacht: *Und du, denke ich, solltest vielleicht mal bäuchlings über einen Couchtisch geworfen und kräftig durchgevögelt werden. Nur nicht von mir.* Den Job kann ein anderer haben, es wimmelt von Invektiven, von *verpiß dich* und *Arschloch*, Frauen werden geprügelt und beste Freunde ermordet; gleichzeitig passiert aber ständig Märchenhaftes: Held Max hört seit der ersten Seite nur auf einem Ohr (geplatztes Trommelfell), kann aber zweihundert Seiten später die Qualitäten eines Ghettoblasters beurteilen: *Man hört, wie gut der Stereoeffekt ist.* Ein physikalisch-physiologisches Wunder. Und noch eins: *Ich lache noch ein paar Sekunden lang, dann gehe ich mit meinem Schuh nach draußen und schlage die Scheibe an der Beifahrertür des Asconas ein* – das möchte ich sehen. Bzw. das müßte schon ein ganz besonders schwerer Schuh sein, ein Betonschuh vielleicht. «Und 's ist alles nicht wahr, 's ist alles nicht wahr» (Nestroy).

‹Spieltrieb› wiederum soll, ungleich ambitionierter, eine Mischung aus Musil und Nabokov sein; und beide hätten sich aber über Sätze aus dem Erzählwettbewerb 9. Klasse wie *Berlin war heiß gewesen wie ein Backofen, und Smutek rannte tagelang durch die Stadt, als hoffte er, irgendwo auf einen Knopf zu Regulierung der Temperatur zu stoßen* schon sehr gewundert.

Mit einem Wort: Sie kann es nicht. Die «ganz ungewöhnlich begabte junge Schriftstellerin» hat von Literatur keine Ahnung, sehr viel weniger als von Jura jedenfalls. Daß, wo nicht die meisten Romane, so doch die meisten Romanseiten mehr- bis dutzendfach geschrieben werden, ist eine Binse; Zehs Prosa dagegen liest sich wie in einem Rutsch heruntergeklopft (und dann den hochskrupulösen Musil als Vorbild, gute Güte!); so schreibt man, wenn man glaubt, es zu können, weil man ja sonst auch alles kann. «Kein Satz, kein wirklicher Satz, kommt zustande, wenn nicht hinter ihm das ganze Pathos und das ganze innere Leiden der Persönlichkeit steht» (Benn); die Sätze Zehs dagegen leidensfrei leer und durchweg unbeglaubigt, von Talent oder wenigstens Erfahrung. Kein Funkeln, kein Zittern, kein Leuchten. Sprache als Dienstleistung. Das reine Kunsthandwerk. Und nicht einmal gutes. «Making noise, not melody» (F. Sinatra noch 1973).

Daß die Zehsche keine Stilistin ist, scheint dabei wenigstens ihr Unterbewußtsein zu ahnen und packt die Substanz, die von der Form nicht zu erwarten ist, ins Stoffliche: Sperma, Koks, Gewalt, Intrige; so daß wieder mal Montaigne (‹Über den Eigendünkel›, eben!) recht hat: «Meine Form kommt meinem Stoffe nicht zustatten. Deswegen muß mein Stoff auch stark sein; er muß viel Abfall ertragen können und an sich selbst schon Glanz haben» – und daß der glänzendste Stoff vor der schlechten Form aber stets zuschanden wird, hat der kokette Turmhocker natürlich gewußt. Und wenn dann der Stoff (Koks, Gewalt, Intrige, Sperma) noch Abfall ist, geht halt gleich gar nichts mehr.

Noch etwas will ich gegen Juli Zeh einwenden.

Auch wenn Unfähigkeit zur Komik nicht unbedingt ein Symptom für stilistische Beschränktheit ist (obwohl es Gründe gibt, das anzunehmen), so ist es bestimmt die Unfähigkeit, die eigene einschlägige Unfähigkeit wenigstens einzusehen und auf komische Verrenkungen entsprechend zu verzichten. Wer aber einmal vom Justizminister eine Urkunde bekommen hat, der verzichtet fürderhin nimmer. In einem der ‹taz› beigelegten sog. ‹Extrablatt›, in dem Fachkräfte zur Krise des Preßwesens glossierend Anmerkung machen durften, stieß sich Zehs stürmischer Wille zur feinen Ironie am aber umfassend fehlenden Sensorium fürs Feine, Unverkitschte, Originelle, und was dabei herauskam, war Stumpfsinn mal Witzferne hoch tausend, getragen von der schaurigen Eitelkeit derjenigen, die «Rhythmus» richtig schreiben kann und immens stolz drauf ist: *Wer will schon Zeitungen lesen? Heutzutage kann man über alles reden und hört dabei auch die orthographischen Fehler nicht. Zeitungen kosten, wie der Name schon sagt, eine Menge Zeit, die wir nicht haben: Inaff ist inaff, wie der Engländer sagt. Irgendwann gilt es, Konsequenzen zu ziehen. Warum soll ich zwanzig Minuten in das Lesen eines Artikels investieren, wenn ich zum gleichen Thema eine zweistündige Talg-Schau (!) mit Christiane Sabinsen (!!) sehen kann? Warum soll ich zum Briefkasten gehen, wenn der Fernseher neben dem Bett steht? Warum soll ich die Augen öffnen, wenn ich Radio hören kann? Hat eine Zeitung eine Fernbedienung?* Wie sagte schon Dolph Lundgren als DDR-Sportler Eric Brogar im sehr guten B-Film ‹Pentathlon›: «Dieses verdammte Doping! Ich will euer verdammtes Doping nicht!» Analog will J. Zeh das verdammte Fernsehen nicht; und kann es aber viel weniger schön ausdrücken.

Wo aber der eigene Anspruch nicht himmelweit über den Fähigkeiten liegt, kann auch der Juli Zeh was Anständiges gelingen; nicht nur als wasweißich Verfassungsrichterin to be, sondern auch als, jawohl, Reporterin. Da muß man sich nämlich zur Abwechslung nichts ausdenken, sondern kann auf den Balkan fahren und aufschreiben, was man sieht. Und dann ein Buch draus machen: ‹Die Stille ist ein Geräusch. Eine Fahrt durch Bosnien› – und das ist dann, überraschend genug, ein recht vergnüglicher und lesbarer

Reisebericht. Und sogar einigermaßen metaphernsicher. Oder jedenfalls -frei.

Andererseits krieg ich eben das jüngste Meisterwerk auf den Schreibtisch: Juli Zeh, ‹Alles auf dem Rasen. Kein Roman›, nämlich eine Essay-Sammlung der «Schriftstellerin, Juristin und Querdenkerin» (Klappentext), «ausgezeichnet mit dem Per Olov Enquist-Preis» (Umschlagbanderole) – mein Gott. Allein dieser Buchtitel. Und dann einmal reingeblättert: *Eine komplexe, von ansteigendem Wandlungstempo bestimmte Gesellschaft verlangt nach einem Recht, das einerseits dynamische Impulse in sich aufnimmt und in entwicklungsfördernder Geschwindigkeit umsetzt, andererseits aber die demokratische Interessenabwägung abbildet.* Und weitergeblättert: *Das Beklagenswerteste am zurückliegenden Wahlkampf ist, daß er hochbeinig über wichtige Themen hinweggestiegen ist, deren Behandlung vielleicht eine klare Entscheidung ermöglicht hätte. Außenpolitische Grundsatzentscheidungen, innere Sicherheit und Atomausstieg werfen nach wie vor Fragen mit viel Streitpotential und gesellschaftlicher Bedeutung auf. Es bleibt zu hoffen, daß wenigstens die Koalitionsgespräche nicht an hochstilisierten Unvereinbarkeiten in einem Bereich scheitern, in dem die Spielräume für Kooperation in Wahrheit am größten sind. Das wäre nicht nur paradox. Es wäre fatal.* Und hintendrauf diese Selbstauskunft: *Schreiben kann man lernen. Die notwendige Hinterhältigkeit aber, die ist angeboren.*

Ich darf mich wiederholen: Mein Gott.

2. Die höhere Tochter: Wie Jenny Erpenbeck Bücher für Studienrätinnen macht

Au, au, au, was ist das für ein Schmerz, / das ertrag ich nicht, / mein Arm, mein Arm, / soll er doch abfaulen der Arm, faul ab,

Arm! Mit diesen eindrücklichen, aber auch verstörenden und nachdenklich machenden Zeilen aus ihrem Theaterstück ‹Katzen haben sieben Leben› machte die gelernte Musiktheaterregisseurin Jenny Erpenbeck aus Ostberlin im Jahre 2000 unverdient wenig Furore. Ein Jahr zuvor war sie aber mit der ‹Geschichte vom alten Kind› so richtig in den Buchmarkt hineingefegt, so daß das mit dem abfaulen sollenden Arm dann kein größeres Problem mehr und längst schon vergessen war. Das war ein Glück für Jenny Erpenbeck, ist sie doch sehr sensibel und wäre sicherlich sehr traurig gewesen, wenn – aber egal, es kam ja dann zum Glück ganz anders.

Denn mit der ‹Geschichte vom alten Kind› hatte sie den Büchermarkt auf einmal für sich. Ganz im Gegensatz zu den vielen Spaßautoren und Popliteraturmiezen schrieb Jenny Erpenbeck nicht «mit leichter Hand» (so wie Jule Zeh z.B.) bzw. rotzte irgendwas raus mit Drogen und Ficken und so. Nein, Jenny Erpenbeck schrieb sehr vorsichtig, ja präzise, um nicht zu sagen: poetisch: *Als man es gefunden hat, stand es des Nachts auf der Straße, mit einem leeren Eimer in der Hand, auf einer Geschäftsstraße, und hat nichts gesagt. Als die Polizei es dann mitgenommen hat, ist es von Amts wegen gefragt worden, wie es heiße, wo es wohne, die Eltern wer, das Alter welches. Vierzehn Jahre alt sei es, antwortete das Mädchen, aber seinen Namen wußte es nicht zu sagen, und auch nicht, wo es zu Haus war.* Da war kein Wort zuviel. Und Rätselhaftigkeit Trumpf, denn niemand wußte ja, was das für ein komisches Kind ist (wobei viele vermuteten, das Kind sei aus der DDR und deshalb so desorientiert und verstockt). Aber so rätselvoll die Sache mit dem kleinen dicken Mädchen war, so klar und licht und luzide war und ist die Prosa, aber auch irgendwie schwer und dunkel, was bei Jenny Erpenbeck kein Widerspruch ist: *Denn daß ein Kleiner es anrempelt, damit es in den Dreck falle, und so sehr anrempelt, daß es schluchzen muß, weckt in dem Mädchen die Hoffnung, daß ihm verstattet sein wird, einen der unteren Plätze in der schulinternen Hierarchie zu belegen, womöglich sogar den untersten, und der unterste Platz ist immer der sicherste, nämlich genau der, dessen Ansprüchen es auf jeden Fall wird standhalten können. So wischt es sich nicht einmal den Dreck von der Hand, sondern geht weiter und schluchzt noch ein bißchen und beginnt dann wieder an seinem Fingernagel zu nagen, der nun beschmutzt ist.* Ganz im Gegensatz zu den Worten von Jenny Erpenbeck, denn die sind, der Jokus sei verstattet, nicht nur sauber, sondern rein, frisch gestärkt und gebügelt, wie aus Omas Wäscheschrank. Und damit das so bleibt, muß die Welt, die jenseits der Worte dräut, nach Möglichkeit draußen bleiben, damit sie den Lavendelduft der Worte nicht überlagere.

Und so klingt alles bei Jenny Erpenbeck einfach, aber stark, so wie ein reichhaltiges Abendbrot schmeckt nach des Tages harter Arbeit. Jenny Erpenbeck benutzt keine Wörter, sie benutzt Worte, und sie benutzt sie auch nicht, sie läßt sie klingen: Mädchen, Mann, Frau, Leib, Blut, Bodennebel. Gute, deutsche Worte, die bald einen tiefen, bald einen hohen, aber immer einen reinen Klang haben, den Klang einer frisch gestimmten Glocke, wie sie uns heimläutet ins Sakrale des Alltäglichen: *Das Mädchen nimmt den Füllfederhalter und erwartet die Schrift. O komme, Schrift!* Und siehe, sie kommt: *Es muß nicht lange warten. Die Buchstaben beugen sich still nach links, wie gegen einen unsichtbaren Widerstand, die n's richten ihre geschleiften Hügel wieder auf, die doppelten Unterstreichungen mittels Lineal finden sich ein, wonne-*

voll. *Der Auftritt der verlorenen Zeit: auf einem Teppich aus blauer Tinte. Der Lehrer hebt das Heft an beiden Ohren in die Höhe und sagt: So ist es gut.* «Da sagt der Landmann: Es ist gut. / Ihr Abendglocken lang und leise / Gebt noch zum Ende frohen Mut» – wer je im Leben Trakl las, der muß auch hier andächtig lauschen.

Das ist natürlich ein äußerst großer Unterschied zur Juli Zeh mit ihrem Krach und Schmutz und Geschlechtsverkehr und dem allen: Jenny Erpenbecks Sprachidylle ist ein *Ort der Schonung, und geschont wird man vor der Welt, wovor sonst. Man liegt unter den Federn, und alles, was laut ist, alles, was grell ist oder spitz, alles, was überhaupt vorfallen könnte, prallt an diesem weichen Wall ab.* Autoscooter, Dosenpfand, Axe Skin Peel – davon möchte Jenny Erpenbeck lieber nichts wissen, davon erfährt man in ihren Büchern wenig, zum Glück. Denn auch sie ist ein «altes Kind» und hält sich von den Aufregungen der modernen Welt lieber fern: *Einmal ist das Mädchen in den Schuppen gekommen ... Die beiden Knaben, die in dem Schuppen waren, haben nicht bemerkt, daß das Mädchen eingetreten ist, weil es kein Geräusch gemacht hat ... Der Liegende hat seine Hose geöffnet und den Oberkörper mit einer Zeitung bedeckt. Der Hockende hält das Glied des Liegenden in seiner tintenbefleckten Hand und reibt es ... Der liegende Knabe stöhnt auf, er hält sich an seinem Freund fest, der Samen spritzt aus seinem Schwanz und geht als Regen auf die Zeitung hernieder, das Mädchen hört das Prasseln und verläßt den Schuppen. Es geht die Pappelallee ein Stück hinunter, dann bleibt es stehen, greift nach einer der Pappeln, beugt sich zum Wegesrand hin und übergibt sich gründlich.* Und das mit Recht. Jenny Erpenbeck ist auch schon ganz übel, weil ihr der gemeine Lektor einfach Schwanz und spritzen ins Manuskript hineinverbessert hat – das sind ja Sitten wie beim Schöffling-Verlag! Dabei sind wir doch bei Eichborn!

Nichts gegen eine Prise Erotik, aber nur wo sie tunlich und angezeigt ist, nicht wahr. *Das Blut,* heißt es in der Erzählung mit dem klangvollen Titel ‹Atropa bella-donna› im Bändchen ‹Tand›, *läuft so heiß aus meinem Körper heraus, wie mein Körper heiß ist, und mein Körper ist so heiß wie die Sonne,* yeah!, bzw. halt, Entschuldigung: o ja!, *mein Becken, die knöcherne Schale, ist ineinander verkracht, aus der läuft das Blut heraus, und darauf war ich nicht gefaßt,* nur gut daß *der, den ich liebe* nichts gemerkt hat, sondern sich lieber *entfernt. Der Staub auf [seinen Füßen] ist der gleiche Staub, der auch meine Füße bedeckt ..., bei ihm aber, das weiß ich, ist der Staub heller als die Haut, bei ihm legt er sich auf die dunklen Füße wie Spuren von Mehl auf ein Brot.* Und dies ist, fürwahr, das Brot der heiligen Kommunion, wie sie zu Ehren des Wortes gefeiert wird; und wäre man, ach!, ein Österreicher und lebte in der Steiermark, so hätte man diese Epiphanien, diese Emanationen reinen sprachlichen Seins mit seinem Steuergeld aus voller Seele unterstützen dürfen (*Für die Unterstützung meiner Arbeit an diesem Buch möchte ich der Steiermärkischen Landesregierung herzlich danken*).

«Was das singuläre Wort an Magie verlor, wird ihm gleichwie durch Maßnahmen, dirigistisch angeschafft ... Während die Gewitzigten sich scheuen, auf Offenbarung sich zu berufen, veranstalten sie autoritätssüchtig die Himmelfahrt des Wortes über den Bereich des Tatsächlichen, Bedingten und Anfechtbaren hinaus, indem sie es, auch im Druck, aussprechen, als wäre der Segen von oben in ihm selber unmittelbar mitkomponiert» – nicht hat Adorno mehr die Jenny Erpenbeck gekannt (die ihn und seinen

‹Jargon der Eigentlichkeit› aber auch nie gelesen hat); aber wie dankbar wäre er ihr gewesen, daß sie dem Wort, dem einzelnen Wort seine Magie zurückerstattet! Und sogar 1a dirigistisch, wie sie es als Musiktheaterdirigentin, i wo: -regisseurin ja gelernt hat! Wie sie sich «der Wiederherstellung vermeintlichen Ursinns» (Teddy) verschrieben, ja verpflichtet hat!

Aber Jenny Erpenbeck kommt aus der DDR und ist dialektisch genügend geschult, um zu wissen, daß es, andererseits, diesen Ursinn gar nicht gibt, daß ein Vogel nur Vogel heißt, weil ihn mal wer so genannt hat. Und um diese wichtige Erkenntnis anzuzeigen, hat sie im Jahr 2005 ein regelrechtes ‹Wörterbuch› geschrieben, das, eben, auch kein richtiges Wörterbuch ist, sondern nur so heißt, weil die Jenny fand, daß es so heißen müsse. Dieses Buch spielt in Südamerika, und es geht darum, daß ein Mädchen einen bösen Folter-Vater hat und aber erst gar nicht weiß, daß der Vater böse ist, weil die Wörter, die es kennt, es ihm, dem Mädchen, nicht verraten, und es langsam herausfinden muß, daß hinter guten Wörtern eine böse Welt stecken kann. Weil die Wörter eben sehr geduldig sind: *Vater und Mutter. Ball. Auto. Das vielleicht die einzigen Wörter, die heil waren, als ich sie lernte. Und auch die dann verkehrt, aus mir gerissen und andersherum wieder eingesetzt, das Gegenteil von Ball wieder Ball, von Vater und Mutter Vater und Mutter. Was ist ein Auto? Alle anderen Worte von vornherein mit der Hälfte Schweigen als Bleigewicht an den Füßen, so wie der Mond seine dunkle Seite mit sich herumschleppt, sogar wenn er voll ist. Aber der kreist immerhin. Für mich standen die Worte fest, aber jetzt laß ich sie los, und wenn es nicht anders geht, schneide ich den einen oder anderen Fuß lieber mit ab. Ball. Ball.* Nicht nur wird

hier ein Bogen zurück zum leidenschaftlich selbstzerstö-
rerischen Frühwerk geschlagen (*Au, au, au! Faul ab, Arm!*),
sondern auch sehr eindringliche Wortkritik betrieben, für
die es nun wirklich allerhöchste Zeit war, weil man nun
mal *auf den Wörtern nicht mehr wie auf Schienen dahinfahren
kann, auf immer demselben Weg zu demselben Ding hin,* wie
viele naive Menschen immer noch glauben und sich dann
nicht mal wundern, auf immer demselben Weg zu immer
denselben Dingen zu kommen. (Wie z.B. die Gisa Funck
von der ‹taz›, die natürlich nicht umhinkann, im Land des
Romans «ebenso die alte DDR wie auch die argentinische
Militärdiktatur wieder[zu]erkennen», weil in beiden «das
typisch totalitäre Gebot, alles Negative strikt positiv um-
zuwerten», geherrscht habe, mit dem kleinen Unterschied
vielleicht, daß in der DDR keine 30 000 Menschen ver-
schwunden und bis heute nicht wieder aufgetaucht sind,
weil man sie nach übler Folterung aus Hubschraubern
ins Meer geworfen hätte. Vgl. auch Kommissar Caputo c/o
«Plattfuß am Nil»: «Ich bin im Denksalon erblich negativ
belastet.»)

Der Wörter sind viele, der Bedeutungen auch. Wer je
als Tourist in Köln einen «halben Hahn» bestellt hat, weiß,
wovon bei Jenny Erpenbeck die Rede ist. Wenig ist, wie es
scheint, und in der postmodernen Polyvalenzkakophonie
ist es gut und richtig, einmal still zu verharren, Atem zu
schöpfen und die tausend- und millionenfach benutzten
und befingerten Worte aus dem Schutt zu klauben, sie
zu reinigen und hübsch ordentlich ins Regal zu stellen.
Da stehen sie dann und sind wieder arm wie am Anfang,
als das Wort noch bei Gott war, und haben einen schönen
Glanz aus innen oder wo. Und können ganz von neuem an-

geordnet und auf vielfältigste Weise kombiniert werden, um am Schluß geht es dann um die DDR.

Das ist das Geheimnis der «Ausnahmeerscheinung» (‹Der Tagesspiegel›) Jenny Erpenbeck. Ein Geheimnis, das gerade junge Menschen, so sie in einem Oberstufenkurs im Fache Deutsch sitzen, zum Schauen und Kontemplieren verführen dürfte, zum Prüfen und Wägen der Worte, in denen ein Lied aus Hohen Tönen schläft. Ein Lied, das von Liebe handelt und Leid, von Schmerz, Schwere und abgrundtiefer Bedeutung, davon, daß die einen so sagen und die anderen so und nicht alles immer so ist, wie es scheint. Und dabei aber (das ist wichtig für den Unterricht) nie die Grenzen von Sitte, Anstand und Comment verletzt: *Die Interpunktion dieses Buches folgt weitgehend der alten Rechtschreibung, manchmal jedoch rein rhythmischen Gesichtspunkten.*

Nicht daß sich am Ende wer beschwert.

3. Endlich Leben in der Dose: Silke Scheuermanns Schmuddelprosa

Silke Scheuermann ist eigentlich Lyrikerin, hat bislang zwei Gedichtbände veröffentlicht und sich jetzt auch als Prosaautorin versucht (‹Reiche Mädchen›, Schöffling), und man sollte meinen, daß, wer mit Lyrik reüssiert hat, auch eine schöne oder wenigstens annehmbare Prosa hinzukriegen in der Lage sein müßte; ist er oder sie es nicht, dann ist er oder sie vielleicht die Ausnahme von der Regel.

Oder, andere Möglichkeit: Schon die Gedichte sind Murks.

Mit Silke Scheuermanns lyrischem Werk möchten sich bitte Interessiertere beschäftigen; wir als hauptsächlich Prosadoktoren richten unser Augenmerk lieber aufs ungebundene Wort, schlagen ihren Erzählungsband auf und lesen diesen ersten Satz: *Mit seinen weißen Altmännerhänden haut der Redner in die Luft, als wolle er dort seine Thesen festklopfen.*

Die Überzeugung ist ja verbreitet, daß erste Sätze entscheidende sind, und hier stimmt's, denn weiterlesen möchte man da nicht. Denn so schön der Konjunktiv I auch ist: er dient grad unseren Jungschriftstellerinnen einfach ein bißchen oft als Literaturindiz. *Um sie herum beginnen die Wände der Diskothek langsam ein- und auszuatmen, der Raum dehnt sich und zieht sich wieder zusammen, als stecke sie in einer geheimnisvollen Pumpe,* nämlich u. U. der gar nicht so geheimnisvollen LSD-Pumpe. Wie töricht, ein Sprachbild erst zu schaffen, um dann naiv auf seine Gesucht- und Erfundenheit auch noch hinzuweisen: «Er sah aus, als sei aus irgendwelchen komischen, erfundenen Gründen ein Klavier aus heiterem Himmel auf ihn draufgefallen» – na, da wird es gleich ironisch, so gut wie Silke Scheuermann krieg ich's dann doch nicht hin.

Sehr frei nach Gottfried Benn: Verwirrt sein und mit Konjunktiven werfen ist noch keine Literatur.

Und verwirrt ist das Frl. Scheuermann nicht wenig: *Vielleicht hat der Raum mit den Jahren ein Eigenleben entwickelt und bewirkte mit unsichtbaren Strahlen, daß gewisse Personen, die sich allzuoft in ihm herumtreiben, in ihren Gefühlen und Gedanken immer mal wieder umgepolt werden, wie wenn man einen Kompaß mit Absicht verstellt oder den Tacho bei einem Auto verdreht, ein schlechter Spaß, aber die einzige Möglichkeit, etwas Abwechslung zwischen die Wände zu bekommen.* Das ist natürlich Pech, daß sprachliche Unbeholfenheit so gut wie nie den Charme des Unbeholfenen hat, und schön muß es in Lektoraten sein, wo nur der Feierabend heilig ist und noch die taperigste

Abendschulprosa relaxt abgenickt wird: angefangen bei den kindlicher SF-Phantasie entsprungenen *unsichtbaren Strahlen* über die raunend redundanten *gewissen Personen* bis zum Kompaß, den wer *mit Absicht verstellt* (wie verstellt man den ohne Absicht?) – da fällt die Abwechslung zwischen den Wänden (vom Schiff? vom Auto?), die wohl «Leben in der Bude» heißen soll, schon gar nicht mehr ins Gewicht.

Aber Leben in der Bude ist ja auch keins. «Es passiert schon wieder nichts!» klagte da selbst Rezensent Volker Weidermann in der ‹FAS›. «Graue Wände, Zigaretten, Warten, Hoffen, Langeweile, und am Schluß die Liebe für einen Augenblick», und das sei ihm zuwenig, und bevor wir ihm da völlig rechtgeben, müssen wir ihn auch gleich tadeln: «Sie kann gut schreiben, findet immer wieder erstaunliche Sprachbilder» – was man so erstaunlich nennt: *So leicht bin ich zufriedenzustellen inzwischen, auch wenn dieses Glück bloß ein dünnes Blatt ist, das einen schwarzen Abgrund bedeckt.* Ein wirklich erstaunliches Bild, jedenfalls für eine Elfjährige. *Mein Wollen und die Realität haben sich längst so sehr voneinander wegbewegt, daß ich beides nicht mehr zusammenrücken würde können, nie mehr, wie bei zwei Kontinenten in der Eiszeit ist diese Verschiebung nicht mehr rückgängig zu machen.* Und auch wenn man darüber weglesen würde können: Stimmt ja gar nicht, sonst könnte die Silke jetzt nicht in der Villa Massimo oder wo im Warmen sitzen und über die Biere jammern, die man nicht bezahlen kann. *Dennoch fühle ich mich diskriminiert, als ob ich einer seltenen Rasse angehören würde, so selten wie Neger und Fidschis, langsam färbt sich Lisas Stimmung dunkler, als habe sie in ein Glas reiner, schöner Milch einen Löffel Kakao gerührt, und es entsteht eine bräunliche Suppe,* eine Suppe, die nicht nur Kinder oft viel leckerer finden als die langweilige Milch, *jetzt baumelt sein Schwanz herum wie ein Pendel, das die Fruchtbarkeit der Erde kontrollieren will, und schließlich, ich seufze, findet er seinen Platz. Ein Gefühl der Macht durchströmt mich, während ich die Beine und dann die Arme um ihn schlinge wie eine große, glückliche Spinne.* Über das Glück der Spinnen ist ja immer noch viel zuwenig bekannt, aber ein die Fruchtbarkeit der Erde kontrollierendes pimmelhaftes Pendel – nein, das möchte ich mir nicht vorstellen. *Die beiden, nebeneinandersitzend, wirkten auf unbestimmte Art effizient, wie ein Zweitaktmotor bei einer Leistungsdemonstration,* nein, nein und dreimal nein: Wenn überhaupt was auf unbestimmte Art effizient sein kann – ein Motor jedenfalls ist ganz bestimmt effizient oder nicht –, dann sind zwei nebeneinandersitzende effiziente Damen allenfalls ein Zweizylindermotor, herrgottnocheins!

Das kann doch, bitte sehr, alles nicht so schwer sein.

Bildmächtig wie Juli Zeh, graziös wie Jenny Erbsenbüchs: Zwischen diesen beiden läßt sich's literarisch lustig leben, v.a. wenn dann noch explizit gerammelt wird, möglichst kalt und lieblos, versteht sich: *Als er ihr androhte, sie werde ihm zu langweilig, hatte sie auch Sex mit ihm, Sex, der sich so gestaltete, daß sie vor ihm kniete und er ihr immer wieder den Schwanz in den Mund stieß, bis Lisa einen Brei im Mund hatte, der durch Ralf Buselfinks konsequente Einnahme von Eiweiß- und Vitaminpräparaten einen Geschmack von Terpentin hatte und sie zwang, sich den Rest des Tages über alle zwei Minuten den Mund auszuspülen.* Über den Ralf Buselfink ist ja schon fast kein Hinwegkommen, über die öde Bumsdrastik aber dann gar nicht. Gute Güte. Wie lange ist Henry Miller her?

Von Kalkül wäre zu reden, wenn nicht gar so unverdrossen-unbedarft gespritzt, geschändet und sich ausgezogen würde, und im Zweifelsfall ist auch ein Gewitter *ein bißchen wie Sex, tröstend und unheimlich, weil man das Gefühl hat, so an der Grenze zu etwas Unfaßbarem, aber gleichwohl Existentem gewahr geworden zu sein*, ich hab den Satz gerade nachgelesen, er steht wirklich so da, was immer er bedeutet. Die prototypisch ungeliebten Scheuermannschen Erzählerinnen, «sie peitschen den Quark, ob nicht etwa Crème daraus werden wolle» (Goethe, ‹Maximen und Reflexionen›), überall sind Abgründe und Unfaßbarkeiten und schlecht formulierte Existentialprobleme der ewigen Thirtysomethings, ein «furchtbares Brimborium u. Getue um Gedanken, die ein anständiger Kopf in einen Relativsatz bringt» (Benn an Max Bense, 21.3.37), wobei sich die Gedanken dann gerne so anhören: *Vermutlich sind Macht und Ohnmacht sowieso dasselbe*, genau wie Krieg und Nicht-Krieg oder Krebs und Urlaub, es ist schon alles der reine Zimt.

Den Jenni Zylka in der ‹taz› stilistisch «schnörkellos und amüsant» findet, während sich R. Luckscheiter in der ‹FR› zwar sehr zu Recht langweilt, aber «sprachliche Raffinessen» entdeckt, und bei der ‹FAZ› glaubt Kolja Mensing fest an die Hochkultur und wird «den Eindruck nicht los, daß die Dichterin der ungebundenen Sprache nicht so recht über den Weg traut. Sehr viel häufiger als nötig greift sie in ihren Erzählungen zu Metaphern und wilden Vergleichen» – so kann man's natürlich auch sehen, jedenfalls wenn man wie Mensing an einem völlig schiefen, wackeligen und splittersatten Schreibtisch sitzt, weil der Schreiner Hammer und Hobel nicht recht über den Weg getraut hat. Auch Cornelia Staudacher vom Deutschlandfunk nimmt die Silke in Schutz: «Daß manch eine der Metaphern angestrengt wirkt, ist wohl dem Wunsch der

Autorin geschuldet, auch in der Prosa nicht ganz auf die lyrisch verdichtete, metaphorische Sprache des Gedichts verzichten zu wollen»; was (vom redundanten «Wunsch zu wollen» abgesehen) aber metaphorisch monströs mäandernde Passagen à la *Es ist, als würde ich nun gleich einen wunderbaren, einmaligen Apfel verspeisen, einen, von dem ich leider schon vor dem ersten Bissen weiß, daß er mich nicht sättigen wird, und das, obwohl er mit Marzipan gefüllt ist* ausgerechnet mit «Verdichtung» zu tun haben, verrät uns Mme Staudacher nicht; ist ja auch schwer, wenn man's gar nicht weiß. Bzw. überhaupt nichts: «Im großen und ganzen aber beweist Silke Scheuermann auch in ihrem ersten Prosaband, daß sie über ein feines Sprachsensorium verfügt» – zum Mitschreiben: Entweder verfügt Silke Scheuermann über ein Sprachsensorium oder ich. Daß wir beide über eins verfügen, am Ende über dasselbe, ist ganz ausgeschlossen.

«Ich habe schon lange keine Erzählsammlung mehr gelesen, die mir so gut gefallen hat wie diese», freute sich Uwe Wittstock in der ‹Welt›. «Silke Scheuermann ... ist eine Hoffnung für die deutsche Literatur – und also eine Hoffnung für uns Leser, etwas mehr über uns und unsere Zeit zu erfahren» – und da hat er sogar recht. Denn so ist unsere Zeit ja wirklich: Alle spritzen in der Gegend herum, und jeder Mist wird geschluckt. Weil es schon nicht mehr drauf ankommt.

Apropos nicht: Nicht wollte ich ja urteilen über Scheuermann als Lyrikerin; «vielleicht» (Scheuermann) nur so viel: Wenn sie als Dichterin auch nur halb sowenig taugt wie als Prosaistin, dann gehen der Leonce-und-Lena-Preis der Stadt Darmstadt und das Literaturstipendium in der Villa Aurora in Los Angeles vollkommen in Ordnung.

DIE GEDANKEN SIND BREI
Vermischtes aus Bad Feuilleton und anderswo

Wir alle sind wie betrunken, nur jeder auf seine Weise, der eine
hat mehr getrunken, der andere weniger … Der eine hat sich
schon ausgekotzt und fühlt sich wohl, während dem anderen
gerade erst schlecht wird.
Wenedikt Jerofejew

«Warum ich glaube», will der ‹Spiegel› im Zuge einer Vorbe-
richterstattung zum Antrittsbesuch des neuen deutschen
Spitzenpapsts Benedikt von u. a. Alexa Hennig von Lange
wissen, die also geantwortet hat: *Die göttliche Instanz, an die*
ich glaube, würde ich nicht als Figur, sondern eher als eine Ab-
sicht bezeichnen. Die «Absicht Gott», die alles zusammenhält … Ich
glaube, daß alles einem Kreislauf unterworfen ist, der nicht von
Menschen bestimmt ist, sondern von etwas Übergeordnetem. Ob
man die Existenz Gottes beweisen kann, ist dabei nebensächlich,
wichtig ist es, ihn in sich zu finden. Das heißt, ich höre auf meine
innere Stimme, bete, realisiere und reflektiere mich. Aus diesem
Bewußtsein heraus fühle ich mich verantwortlich, mein Leben zu
nutzen, ohne ein anderes zu stören. Ich habe Achtung vor dem,
was mich umgibt, und fühle mich verpflichtet, gedeihen zu lassen,
anstatt zu verhindern.

Für die göttliche Substanz, die Absicht Gott, die in der
Alexa Hennig von Lange ist und sie beten, sich realisieren
und reflektieren läßt, mag sprechen, daß sie eine Welt am
Gedeihen hält, in der jeder und jede, ob fähig oder nicht,
sich achtungsvoll verantwortlich einbringen kann. Daß
das ohne die existentielle Störung anderer nicht gelingt,

spricht dann wieder ziemlich gegen sie. (Gegen die Substanz jetzt; gegen Frau von Lange aber auch.)

*

Der Knaur-Verlag hat sich für eins seiner vergangenen Herbstprogramme folgendes ausgedacht: *Milchkaffee für Herz & Seele. Kuschelgeschichten für tolle Frauen. Herausgegeben von Lola Lindbergh* – da stimmt natürlich alles bzw. restlos nichts mehr: Milchkaffee plus Kuschelseele mal Frauenpower pur, stark-sensibel und unerhört weiblich, ex cathedra zusammengerührt von einer wie bestellt *Lola Lindbergh* – jede wirklich emanzipierte Frau müßte den Verantwortlichen eins vors reaktionäre Maul hauen, statt diese klischeeverseuchte Gemeinheit im Zweifel genauso kilometerweise wegzukaufen wie die Kunstprosa der Mme v. Kürthy.

Darauf kann man natürlich lange warten; und sich die Wartezeit mit der Frage vertreiben, ob die einschlägigen Konsumentinnen tatsächlich so dumm sind oder vom Patriarchat nur dafür verkauft werden.

*

Noch mal Durs: *Ein befreiendes Jahr, ein erschöpfendes Jahr: 1989. Wieviel Rhizinusöl mußte fließen, wie lange hatte gedrückt und gepreßt werden müssen, ehe die verdauungsgestörten Ostler endlich den Durchbruch schafften von der Kolik zur erlösenden Defäkation* – und so ist das ja man auch, Büchnerpreis hin oder her: Wie kunstvoll man auch drückt, es kommt halt stets nur Scheiße.

Die Gedanken sind Brei

*

Auch ein guter Schriftsteller wie der Arnold Stadler hat nicht immer was mitzuteilen: *Mörike ist vielleicht nur nichts für Menschen, die täglich immer noch in dieser Sprache ihre Informationen austauschen und die Sprache und Gedicht mit einer Information verwechseln, als wären sie nichts anderes. Oder mit einer Inhaltsangabe, als könnte das Leben nacherzählt werden, und wäre es in einem Gedicht ... Mörike ist wohl auch nichts für Menschen, die ein Buch einen Wälzer nennen und unterhalten sein wollen oder zum Zeitvertreib lesen oder die leben, als gäbe es den Tod nicht mehr. Und auch nicht für solche, die leben, als wären sie auf ‹Fit for Fun› abonniert, und beim Après-Ski von der Pistensau des Tages sprechen in Erwartung großer Dinge; und die von der Jagd und von der Liebe sprechen, als wäre es dasselbe, und selbst nachtaktiv wie die Wildschweine sind, und ein Après-Ski-Leben führen Tag und Nacht. Eines seiner Gedichte an irgendeiner Stelle eines deutschen Fernsehabends wäre ein Hohn, allenfalls als Lachnummer in einer der Talk Comedies vorstellbar oder in einer Sendung mit Gotthilf Fischer.*

Guck an. Und da hat man immer gedacht, Mörike sei der Hausdichter von Anlageberatern, Immobilienkauffrauen, Fitneßtrainern und Handypromoterinnen! Seine Gedichte der Szenehit auf jeder After-Hour-Party! Und Dauerthema bei ‹Polylux›! Der Jargon der Eigentlichen, er beschränkt sich heut halt nicht mehr aufs vokalsatte Beschwören der großen Dinge wie Tod und Jagd und Liebe, sondern ergeht sich auch gern in bildungsbürgerlichem Gratisgeschimpfe auf Fitneßzeitschriften, Nachmittagsfernsehen und Konsumleser. Intellektuelle Distinktionsgewinne liegen nun mal nicht auf der Straße; und wer das aber glaubt, der landet da, wo alle landen, deren Sensorium fürs längst Erledigte nicht stark genug ist: im Kitsch. Oder halt im Feuilleton der ‹FR›.

*

Ein Wolfram Weimer ist Gründer und Chefredakteur des ‹Magazins für politische Kultur›, das ‹Cicero› heißt und der womöglich dreißigste Anlauf ist, hierzulande so etwas wie den ‹New Yorker› zu etablieren. Ob das gelungen ist, sei hier gar nicht entschieden – dann müßte ich's ja lesen! –, aber ein Editorial des Chefredakteurs und Gründers mit dem große Lust auf Feierabend machenden Titel *Gibt es ein Jenseits der Ironie?* müssen wir dann doch zitieren, denn es ist sehr sonderbar: *Wenn nun aber zutiefst ironische Gesellschaften plötzlich konfrontiert werden mit quicklebendigen und völlig ernsten Konkurrenten? Der missionarischen Ambition des amerikanischen Imperiums oder dem kulturellen Tiefgang Osteuropas. Dem wirtschaftlichen Ehrgeiz der asiatischen Aufsteiger, oder gar dem religiösen Furor der islamischen Welt. Was dann? Man wäre einen zögernden Moment der Geschichte arrogant. Das können Ironiker wirklich gut. Es*, und jetzt kommt's, *hülfe aber nicht. Denn der Ernst habe seine eigene Logik. Er bekehre, er baue, er bombe. Wenn alle anderen plötzlich sehr ernst wären, greife die Mechanik des Ironischen ins Leere. Vor allem aber verlöre man mit Rentenversicherungsnachhaltigkeitsgesetzen jeden Wettbewerb der Kulturen. Gegen den Nominalismus der anderen geriete die überreife Kultur der Ironie ins Wanken.*

Haben Sie das verstanden? Ich hab's versucht, es hat nicht funktioniert. Probieren wir's noch mal: *Denn der Ernst*

habe seine eigene Logik. Er bekehre, er baue, er bombe – sagt wer?
Denn das ist doch ein Konjunktiv der indirekten Rede. Die
Ironiker vielleicht? Aber warum sollten die das sagen? Da
wär'n sie ja bekloppt! Oder ist das, andersrum, vielleicht
ein Wunschkonjunktiv: «Der Ernst soll seine eigene Logik
haben. Er möge bekehren, bauen, bomben» – aber warum
sollte der Weimer das sagen? Wie ein Islamist sieht er
nicht aus. Am wahrscheinlichsten ist wohl, drittens, daß er
einen Konjunktiv II, einen Irrealis gemeint hat: «Der Ernst
hätte seine eigene Logik. Er bekehrte, er baute, er bombte.
Wenn alle plötzlich sehr ernst wären, griffe die Mechanik
des Ironischen ins Leere», und sich, um mal richtig den
Bildungsbürger raushängen zu lassen, nach dem salonhaf-
ten «hülfe» noch ein paar andere schicke Möglichkeitskon-
junktive ohne das proletenhafte «würde» abgerungen hat,
nur eben leider, haha: die falschen: «Wenn meine Oma vier
Räder habe, sei sie ein Omnibus» –

noch wunderlicher dann allerdings die Biographie,
die WW dem Weblog «Whoiswho» in aller Bescheidenheit
zur Verfügung gestellt hat: *Wolfram Weimer, geboren 1964 im
hessischen Gelnhausen, verbrachte seine Kindheit in Porto (Portu-
gal). Nach dem Abitur – er war bester Jahrgangsabiturient Hes-
sens – studierte er Geschichte, Germanistik, Politikwissenschaft und
Volkswirtschaftslehre in Frankfurt und Washington. Aus einem For-
schungsjahr in Washington resultierte eine Doktorarbeit über die
Geschichte der ersten Geschäftsbank in den Vereinigten Staaten. Im
Jahr 1990 begann seine journalistische Karriere als Wirtschaftsre-
dakteur bei der ‹Frankfurter Allgemeinen Zeitung› (FAZ). Von 1994
bis 1998 war er Korrespondent der FAZ in Madrid* – und das dürfte der steigenden Zahl der Illiteraten in diesem Land Trost
genug sein: daß man's ganz ohne Konjunktiv nicht nur zu

Spitzenabi und Doktortitel, sondern auch problemlos zur ‹FAZ› und hernach zum eigenen Politquatschblatt für die höheren Stände bringen kann. Wer habe das gedacht!

*

Im Quatschblatt für die mittleren Stände liest sich's aber auch nicht besser: *Seit seiner Weigerung, für Deutschland zu spielen, hat Thomas Haas ein Imageproblem. Das eigentliche Dilemma ist sein Vater –* daß der Vater eines mittelmäßigen Tennisspielers eine «Wahl zwischen zwei (gleich unangenehmen) Dingen», eine «Zwangslage» oder gar «-entscheidung» (cf. Duden-Fremdwörterbuch) ist, glaubt wohl nicht mal die Sportredaktion vom ‹Spiegel›.

Daß vom Wörtchen *tragisch* ähnlich wahllos Gebrauch gemacht wird, ist ja bekannt, jedenfalls mir und Max Goldt: «So wie Anschläge immer feige sind, werden etwa Unfälle grundsätzlich als tragisch bezeichnet, obwohl es mit Tragik, also einer Verwicklung ins Schicksal oder in gegensätzliche Wertsysteme, überhaupt nichts zu tun hat, wenn jemand gegen einen Baum fährt. Ein solcher Vorgang ist banal, mithin ganz und gar untragisch», aber bis sich das einmal herumgesprochen hat, sind wir beide tot, so alt können wir gar nicht werden. Und in der Zwischenzeit darf das ARD-Fernsehen Filme über Altkanzler Kohl ankündigen, die Auskunft zu geben versprechen über dessen Leben und Politik *bis zum tragischen Ende* – gemeint: der Spendenskandal. In den H. Kohl ja tatsächlich nur schicksalhaft hineingeschliddert war.

*

Der junge Erfolgsautor Daniel Kehlmann berichtet, von der ‹Frankfurter Allgemeinen Sonntagszeitung› zu seiner Meinung über Kritiker gefragt, über den Klagenfurter Bachmannwettbewerb von 1990, an dem der damals noch recht unbekannte (und mittlerweile gestorbene) W. G. Sebald teilnahm und aber keinen Preis bekam, im Unterschied zu anderen. «Ludwig Roman Fleischer aus Wien», schreibt Kehlmann, «las einen Text mit dem Titel ‹Rakontimer›. Erster Satz: ‹Die ersten Schwalben fächerten ihre Flugmuster in einen nicht ganz vertrauenswürdigen Maiensonntagshimmel über den Betontopf des Wiener Praterstadions.› ... Pieke Biermann, Preisträgerin, las den Text ‹Das Gesetz des Auges›. Erster Satz: ‹Das Gewitter war überfällig wie eine Blutung, und die Stadt verbog sich unter einer Art prämenstruellem Syndrom.› Der Text der Preisträgerin Ingeborg Harms, betitelt ‹Auf den breiten Nacken einer Sumpfschildkröte›, wiederum beginnt so: ‹Die Schaufeln auf dem Zementweg unten zerschabten ihr Gedächtnis, bis sie wach war.› Gegen sie alle unterlag Sebald, wie übrigens auch der junge Reinhard Jirgl, in einer Stichwahl nach der anderen ... Sebald las die Geschichte des Lehrers Paul Bereyter, also die zweite Erzählung des Buches ‹Die Ausgewanderten›, das ihm wenig später Weltruhm und die Bewunderung von Lesern wie J. M. Coetzee, Joseph Brodsky, Charles Simic und Gabriel García Márquez eintragen sollte.» Und Kehlmann fragt entgeistert: «Ja, merkte denn wirklich niemand, daß Deutschlands größter Schriftsteller hier einen seiner besten Texte vortrug?»

Aber wo. Merken tut doch nie wer was; außer mir natürlich.

*

Und aber apropos Kehlmann, diese *größte Begabung der jüngeren deutschen Literatur* (‹SZ›), dessen Bücher den *irritierenden Reiz von Meistern wie Nabokov oder Proust* verströmen (‹Stern›), dessen jüngster, *in jeder Hinsicht bemerkenswerter* (‹FAZ›), *hervorragender* (‹taz›) *Geniestreich* (‹FR›) der *komischste deutsche Roman des Jahres* (‹SZ›) war: Da bin ich mal still.

Das muß nichts heißen; kann aber.

*

Schön und tröstlich, daß es aufmerksame Sprachpfleger wie den ‹FAZ›-Leser Wilhelm Berndl aus Fürstenzell gibt, dem das Thema «Verschluderung des Deutschen» den Schaum vor den Mund treibt: *Arme deutsche Sprache. Was muß sie sich noch alles gefallen lassen? Warum sie nicht hegen und pflegen und in ihrer Eigenart bewahren? Was hindert, der sprachpflegerischen Sensitivität der Grande Nation nachzueifern? Warum die ständigen Anleihen am anglo-romanischen Sprachgut? Kurz: Wen kann es kaltlassen, zu was (‹Im Jahre 15 danach›, FAZ vom 15. Oktober) statt wofür lesen zu müssen? Präposition + Relativum: Das ist italienischer, französischer, englischer Sprachgebrauch. Das Deutsch hat dafür adverbiale Fügungen wie wozu, wofür, worin usw.*, und da hat er natürlich recht, der Wilhelm Berndl aus Fürstenzell: Was sich die arme deutsche Sprache alles gefallen lassen muß! Dummdeutsch wie *Sensitivität*, falsche Periphrasen wie *Grande Nation*, die in Frankreich nie wer benutzen würde, Anleihen *am* Sprachgut, wo es *beim* heißen muß – das Deutsch kennt dafür eine schöne Wendung: im Glashaus sitzen.

Und das *Das* nach dem Doppelpunkt gehört natürlich auch kleingeschrieben, wenn schon.

*

Jetzt einmal was Heiteres: *In den Neunzigern hatte es heftige Proteste gegen den täglichen Polenwitz bei Harald Schmidt gegeben. Der TV-Moderator ließ erst davon ab, nachdem ihn der damalige Botschafter Andrzej Byrt ins Gebet nahm* – mein liebster Polenwitz geht ja so: Erzählt der Thomas Urban von der ‹Süddeutschen Zeitung›: «Nachdem ich in den Urlaub ging, klaute mir wer das Plusquamperfekt vom Schreibtisch!» Sagt Andrzej: «Bevor ich's klauen konnte, verlorst du es schon.»

(Ist ein pädagogischer Witz, die sind manchmal nur so mittel.)

*

Und wo sich die ‹taz› diese jüngste Albernheit, ihre Interviewüberschriften betreffend, wieder abgeschaut hat: *«Putin ist schlimm – aber was nach ihm käme, wäre schlimmer», sagt Lilia Schewtsowa*, das weiß doch ein jeder, der in seinem Leben, und sei's nur im Flugzeug, mal eine ‹International Herald Tribune› in der Hand gehabt hat. Aber die ‹taz› ist und bleibt nun mal anders und crazy, all the Schmus that's fit to print, polyglott wie eh; doch eine Schlagzeile wie «‹taz› Is Getting Even Worse, Experts Say» ist halt in angelsächsischer Originalsyntax einfach besser, ja wahrer.

*

Wenn man der Rezension glauben wollte, die der Patrick Bahners zum dritten Teil der Kinosaga vom ‹Terminator› in die ‹FAZ› hineinschrieb, ging es in dem Film um ca. das: *Michelangelo ... Schöpfungsmoment ... das humanistische Menschenbild ... Zivilisation ... Reproduktion ... Potenz ... diabolische Kraft ... Heilsgeschichte ... Katechon ... Judas Makkabäus ... Verarbeitung des kantischen Pflichtbegriffs ... Mythos ... Unmöglichkeit jedes behavioristischen Erziehungsprogramms ... Turing-Dilemma ... Analogon ... Offenbarung ... Fatalismus ... Existenzialismus ... Phantasma ... Posthumanität* – prima. Wobei wir uns für eine popdiskursive Petitesse dann schon noch interessiert hätten: Arnold gut? Oder nicht so gut?

Gerüchte, wonach Bahners bereits an einer Besprechung der Fortsetzung von ‹Rennschwein Rudi Rüssel› sitzt (Ilias / Paradoxon / Schrödingers Katze / Johannes der Täufer / Poststrukturalismus / Brecht / Rhizomatik des Seienden) entbehren aber womöglich jeder Grundlage.

*

Exemplarisch für diese Konstellation präventiver Abschreckung ist etwa das eigentlich harmlose Zusammentreffen eines Kunden mit einer Verkäuferin in der Feinkostabteilung eines Kaufhauses. Der Kunde ist sich ziemlich sicher, daß er weiß, was er will: 200 Gramm San-Daniele-Schinken, dünn geschnitten, eine Ecke Parmeggiano Grand Padano und eine kleine Wildschweinsalami. Es ist früher Abend, und der Kunde freut sich schon auf die kleine Gourmandise, zu der noch ein schönes krosses Weißbrot samt einer guten Flasche Rotwein gehört – Belohnung für den harten Arbeitstag. Man gönnt sich ja sonst nichts.

Doch er hat die Rechnung ohne die gut ausgebildeten deut-

schen *Thekenkräfte gemacht*, die den Reinhard Mohr, dem die
Genugtuung, es nach all den mit Klassenkampf und Apo-
Grützwurst vertanen Jahren in die Toskanaabteilung des
Feinkostjournalismus gepackt zu haben, hier so schön kroß
aufs Papier fällt, mit der Restmacht des Proletariats zwei
Minuten an der Käsetheke warten lassen, was den Mohr
dann zu einer Abrechnung mit der Servicewüste Jammer-
deutschland nötigt. San Daniele, Gran Padano, eine kleine
Wildschweinsalami, harter Arbeitstag, man gönnt sich ja
sonst nichts: es ist diese elende Sechsgroschenironie, diese
gelogene Distanz, die das Einverstandensein des Renegaten
noch obszöner macht; aber wozu war der Mohr schließlich
jahrelang beim ‹Spiegel›.

*

Heine und die Folgen – ein Claus Christian Malzahn nimmt
mich in des ‹Spiegels› Online-Ausgabe mit auf eine *literarische Safari durch Heines Welt*, ich hol' schon mal die Knarre:
*Herz, Schmerz, Terz: Vor 150 Jahren starb Heinrich Heine in Paris.
Seine in Liebeskummer getränkten Verse haben jede Mode über-
standen … Ohne Liebeskummer wäre Heinrich Heine ein armer
Harry geblieben. Wenige haben über das Ach und Weh in der Brust
so zartbitter-präzise Auskunft gegeben wie dieser deutsche Dichter,
der als Sohn eines jüdischen Textilkaufmanns 1797 zu Düsseldorf
am Rhein geboren ward … Von weitem glänzt mancher Vers wie
Schmalz in der Sonne. Aber wehe, man kommt näher, dann riecht
man die ätzende Substanz … Herz hat etwas mit Schmerz zu tun,
obwohl Meister Heine solche Reimpaare sorgsam vermied. Selbst
wenn: Worauf soll sich Herz denn sonst reimen? Eisenerz? Fried-
rich Merz? Riesenerz? Und natürlich hat Heinrich Heine ein Buch*

der Lieder und kein Buch der Luder geschrieben – denn die Luder, die kamen immer nach dem Reimen ... Nebenbei hat er in Deutschland noch das Feuilleton erfunden, den Journalismus halb dazu. «Das ist die Franzosenkrankheit, die er uns eingeschleppt hat», wetterte Karl Kraus im Jahre 1910. So empfanden viele Deutsche, Heine galt als Nestbeschmutzer, Fremdling, Sprachschänder. Daß die antisemitischen Klischees im Falle Kraus auch von einem Juden gegen Heine in Stellung gebracht wurden, macht die Sache nicht besser. Heine habe «der deutschen Sprache so sehr das Mieder gelockert, daß heute alle Kommis an ihren Brüsten fingern können», schrieb Kraus weiter – für den jüdischen Literaturkritiker Marcel Reich-Ranicki war diese «sprachgewaltige Hetzschrift» letztlich eine «ödipale Rebellion, in der der Jude Kraus mehr sich selber als seinen Gegenstand, den Juden Heine, entlarvt» – man muß aber gar nichts gegen Heine haben und braucht auch keinen Freud nicht, um Krausens Verdikt in derart furchtbar flotter Schreibe im Grundsatz bestätigt zu finden; da kann der Kommis und exemplarisch arme Harry vom ‹Spiegel› von Antisemitismus faseln, soviel er will.

*

Der Lyriker und Essayist Durs Grünbein erhält den mit dreißigtausend Euro dotierten Berliner Literaturpreis 2006. Die Jury, der neben anderen der Literaturwissenschaftler Gerd Mattenklott und die Kritikerin Sigrid Löffler angehörten, lobte Grünbeins «strenges, aber einzigartig frei schaltendes Formbewußtsein», das sich besonders in seinen Gedichten und Aufsätzen über die römische Kaiserzeit entfalte. Sein Dresden-Gedicht ‹Porzellan. Poem vom Untergang meiner Stadt› bezeichne den «extremsten Punkt in der topographischen Überlagerung des Bewußtseins», und auch wenn wir nicht zur Übertreibung neigen, so hat hier doch zweifellos eine optimalste Jury die ultimativste, ja absolutst richtigste Entscheidung getroffen.

*

Noch einmal der Malzahn (wir übersehen nichts): *Nur Heine wußte, was los war: «Der große Narr ist ein sehr großer Narr, und er nennt sich das deutsche Volk», zitierte im Februar 1936 die in New York erscheinende ‹Neue Volkszeitung› den Dichter. Heines 120 Jahre alter Blick auf Deutschland paßte wie die Faust aufs Auge,* also praktisch wie die Sau aufs Kanapee oder die Wurst zum Spucknapf, na ja, auch nicht besser, aber danke fürs Zuhören.

*

100 gute Wünsche zur Rettung der Welt, eröffnet die ‹Zeit› ihre Jahresendausgabe 2005. *Von Helmut Schmidt bis Harald Martenstein, von Iris Radisch über Wolfgang Siebeck bis Michael Naumann: So könnte 2006 gelingen.*

Nie im Leben. Bzw. genau so natürlich nicht.

*

In eben der ‹Zeit› rezensiert Katja Nicodemus Woody Allens Film ‹Matchpoint›: *Dieser Film handelt vom großen Tennis des Lebens. Vom aufreibenden Hin und Her der Gefühle, von der Frage, ob wirklich nur unser Aufschlag entscheidet, wann der Ball ins Netz oder darüber geht.* In der ‹FAZ› analysiert Michael Althen: *Obwohl nicht viel mehr passiert als die unglückliche Ge-*

schichte eines Seitensprungs, hat man den Eindruck, als sei an dem Film kein Gramm Fett zuviel, als verharre er bei jeder Situation nur gerade lange genug, um seinen Punkt zu machen: Aufschlag, Return, Volley am Netz, Treffer. Fritz Göttler von der ‹SZ› in seiner Unterüberschrift: *Starke Rückhand: Woody Allen entwirft in seinem neuen Film ‹Match Point› ein intensives Bild der Liebe.* Daniel Kothenschulte von der ‹Frankfurter Rundschau› dagegen schreibt: *Woody Allens ‹Matchpoint› siegt klar in drei Sätzen.* Und schließlich Mark-Stefan Tietze vom Satiremagazin ‹Titanic›: «Das Geheimnis des Journalismus: Es kann nicht abgeschmackt genug sein» (Gespräch mit dem Autor v. 4. 7. 2005).

Wer hat nun recht?

*

Und hier ein Beitrag zum Mozartjahr über *jene Harmonie, die wohl dazu geführt hat, daß Mozarts Musik in gefährlichen U-Bahnhöfen gespielt wird, um die Verbrechensrate zu senken. Scheinbar hat seine Musik auch Studenten während der Examensvorbereitung durch bloße Beschallung zu einem besseren Lernen verholfen*, und anscheinend kennt auch ausgerechnet jene Heike Schmoll, die uns in der ‹FAZ› ständig mit Turbogymnasium, Griechisch ab der dritten Klasse und der Rückkehr zur guten alten Bildungszeit belästigt, den feinen Unterschied nicht, der, nur scheinbar unbedeutend, auch zwischen Wörtern, die sich sehr ähnlich sehen, mitunter besteht. Was unseren Bildungsfreundinnen und -freunden natürlich wieder ähnlich sieht.

*

Aber auch die Frankfurter Allgemeine Jugend kann es: *Es sind vor allem diese scharfsinnigen Verlierertexte und die sympathische Egal-Attitüde der Band, die ‹Art Brut› von der grassierenden Epidemie schrecklich ernsthafter Brit-Bands abhebt –* und es ist genau diese Egal-Attitüde gegenüber grassierenden Epidemien, kontroversen Diskussionen und anderen pleonastischen Stolpereien, die uns scharfsinnigen Verlierern dann doch unsympathisch bleibt.

*

Und nochemaa Frankfott: *Nichts Neues am Novela-Himmel. Öffentlich-Rechtliche Nachmittags-Schmonzetten bestechen durch historische Mißverständnisse und Ideenlosigkeit –* wodurch dagegen die ewige ‹Rundschau› besticht, zeigen solche feinen Sätze: alliterative Entschlossenheit, analytische Stärke und keine Ahnung von wasauchimmer, und sei's nur der Bedeutung des Wortes «bestechen».

*

Aber fast ist's ja schon Leichenschändung, der so gut wie toten ‹FR› noch ihre ständigen Idiotien anzukreiden; aber sie macht es einem einfach zu leicht bzw. eben schwer, aber lesen Sie bitte selbst; oder versuchen Sie es wenigstens:
Mach dich zum Depp! Silvester am Mousonturm. Es muß natürlich heißen: zum Deppen, und wenn wir dem folgenden Artikel überhaupt irgendwas entnehmen können, dann daß die Veranstaltung nicht am, sondern im Mousonturm stattfand. *Angeblich haben in der Downtown von Las Vegas zehntausend Leute konzertiert auf das neue Jahr angestoßen und so*

einen Rekord aufgestellt. Im Frankfurter Mousonturm waren es ein paar weniger, aber ein Hauch von Casino gesellte sich auch hier zu allen möglichen Düften. Wie deutsche Sätze gehen, weiß der Autor Jamal Tuschick nicht, aber dafür, wie's im Casino riecht; auch ein Talent. Aber ich bin schon still, den Rest gibt's jetzt halbwegs ungekürzt und ohne Unterbrechung, es muß einfach sein: *Zuerst wurde das Publikum von der Dicemen Show auf den Entertainment-Haken gezogen. Dieser trio-infernalische Las-Vegas-Import flirtete hemmungslos mit dem Charme des schnellen Erfolgs. «Mach dich zum Depp!» lautete dementsprechend eine Aufforderung der Teamleitung.*

Ihr wurde dann auch weitestgehend unverzüglich Folge geleistet. Den ersten Affentanz des letzten Abends im alten Jahr veranstaltete Martin aus Sachsenhausen. Die näheren Umstände konnten nicht geklärt werden. Auch im weiteren verliefen alle Versuche im Sand, im Old-School-Stil Informationen zu kriegen. Man bekam immer nur zu hören: «Guck auf meine Homepage.» Meistens stand da: Diese Internetpräsenz ist zurzeit nicht erreichbar. Was soll's? Unsere Paris Hilton heißt Dolly Dicewomen, der Theaterfreund kennt sie auch als Alison Rippier. Als verruchte Madonna wirkte sie im Kreis der Dicemen, die mit anarchischem Hintersinn ein Format aus schwarzweißen Zeiten aufmöbeln: ‹Erkennen Sie die Melodie?› Sie hatten eine Tüte voller Gewinne mitgebracht, der standardisierte Hauptpreis, ein Ausflug nach Las Vegas für acht Personen, war wieder nicht dabei. Was außerdem geschah, oder eben nicht: Man hätte von High Heels erstochen werden können. (Overkneestiefel ist auch so ein tolles Wort.) Der Glanzfaktor war in den Auftaktszenarien der nicht zuletzt von Popandglow organisierten Veranstaltung beachtlich. Es regierte die blanke Erwartung. Wer anschlußfrei gekommen war, sprach bis zum Ende der Krise mit seinem Tele-

fon. Vor diesem Hintergrund tat eine Karottensuppe im Kaffee-becher gut. Immer wieder schön anzusehen waren die Gänge mit der Bierflasche aufs Klo. Auch das ist ein Verhaltens-Evergreen. Für die größte Aufregung im Künstlerhaus sorgte »Low 500«. Sän-ger Sascha Beck trat wie eine träumende Raubkatze auf. Etwas außerordentlich Unverfrorenes steckt in dem psychedelischen Punkrock dieser Frankfurter Band (mit legendären Reverenzen). Spätestens mit ihrem Auftritt war die Abtastphase vorüber. Vor allem die Frauen im Publikum wollten nun der Nacht ihre Energie in Bewegungsakten zuführen ... Manche erschienen vom Feuerwerk gezeichnet wie von einem Angriff.

Finis operis. Für sachdienliche Hinweise (Old School), welche näheren Umstände an diesem Silvesterabend im Frankfurter Mousonturm von wem und warum zugeführt wurden, lobe ich weitestgehend unverzüglich ein großes Bier zum Mit-aufs-Klo-Gehen aus, wahlweise ein persön-liches Auftaktszenario mit Glanzfaktor und legendären Reverenzen. Denn auch wenn es wieder mal kokett klingt (auch so ein Verhaltens-Evergreen von mir): Ich hab', was soll's, von dem ganzen Sums jetzt kein Wort verstanden.

(Zum Weiterlesen bzw. weitere Beispiele für lt. ‹Neuer Zürcher Zeitung› «Tuschicks sprachliche Begabung»: Jamal Tuschick, ‹Bis zum Ende der B-Seite›, Roman, Suhrkamp 2003; ‹Kattenbeat›, Prosa, Suhrkamp 2001; ‹Keine große Ge-schichte›, Roman, Suhrkamp 2000.)

*

Auf dem Schutzumschlag des ersten Bandes der bei Auf-bau erschienenen Tagebücher der DDR-Autorin Brigitte Reimann finden sich drei Rezensionsschnipsel: *«Dieses Tage-*

buch liest sich wie ein unter Hochspannung geschriebener Lebens-
roman», Dorothea von Törne, ‹Der Tagesspiegel›; «Wie eine etwas
zu gut, zu vollständig erfundene dramatische Figur verkörpert Bri-
gitte Reimann alle in ihrer persönlichen und historischen Situation
nur denkbaren Konflikte. Ihr wichtigster Widerspruch war der zu
sich selbst», Ursula März, ‹Die Zeit›; «Sie hat exzessiv gelebt, voller
Unrast und Verlangen nach Liebe, ihre Lebenskerze war an beiden
Enden angezündet – wer leuchten will, muß brennen. So erzählen
die Tagebücher, wie Brigitte Reimann den Sinn im Leben suchte
und die Auflehnung fand», Renate Rauch, ‹Berliner Zeitung› –

na, was meinen Sie: Was stimmt hier nicht? Daß recht
eigentlich ja jedes Tagebuch ein Lebensroman ist? Daß
wichtig (ähnlich wie *spannend*) eine Flachdeutsch-Nullvoka-
bel aus Öko-WG und Stadtmagazin ist (*Der wichtigste Film
des Jahres*) und Widersprüche eher tragisch oder schmerz-
haft denn ausgerechnet wichtig sind? Daß das Bild von der
an beiden Enden brennenden Lebenskerze seit ca. den Zeiten von Elvis verbraucht ist? Und daß es bei Reimann nicht
nur um Männer und Selbstverwirklichung ging, sondern
ein bißchen auch um Literatur und Sozialismus?

Alles richtig; aber schauen Sie noch mal genau hin: Die
Rezensionen stammen allesamt von Frauen. Und man kann
sich's direkt vorstellen: «Reimann, Tagebücher – na, das is
man wieder so 'n Frauengedöns, gib das mal der Doro!»

«Wann endlich wird man begreifen, daß die Literatur
nicht der Propagierung und Lobsingung einer bestehenden
Ordnung zu dienen hat?» (Reimann, Tagebuch v. 9.12.59),
wie z.B. der in deutschen Zeitungs- und Verlagshäusern
üblichen, nämlich patriarchalisch-ignoranten. Und am
Ende wieder bombenfest merkantilen, denn den Band so
furchtbar frauenpowerig ‹Ich bedaure nichts› zu nennen,

dafür gehört den Herren bei Aufbau auch schon wieder wo hineingetreten. Und den Damen, falls nötig, auch.

*

Die überhaupt immer überzeugender werden. Anja Kohl (ARD), ‹Börse im Ersten›: *Deutsche Chefs scheinen ihren Unternehmen noch etwas zuzutrauen. Beispiel: SAP. Hasso Plattner, Gründer der Softwareschmiede, jetzt Aufsichtsratschef. Kurz vor Silvester keinen Sekt gekauft, Aktien. Die seines eigenen Unternehmens, ganz legal. Jetzt hat er 10 Prozent. Bestimmt gibt's gute Zahlen, spekulieren Anleger, ist doch Insider. Aktie gefragt. Anders in Amerika. Auch ein Chef. Sehr reich. Bill Gates von Microsoft. Verkaufen hat der nicht nötig. Trotzdem hat er's. Im November. Alarmsignal, sagen US-Anleger. Die Aktien haben seitdem verloren. In Amerika gewonnen haben dagegen deutsche Autobauer. In 2005 mehr Wagen verkauft.*

Man soll ja nicht immer alles auf den Kapitalismus schieben, aber im Direktvergleich mit dieser spätestliberalistischen Aphasik dünkt eine Wirtschaftsnachricht aus der ‹Aktuellen Kamera› («Erich Honecker würdigt hohe Impulse im Glühlampenwerk ‹Ernst Thälmann›») doch um einiges literater, ja insgesamt humaner.[*]

*

Was die Börsenkühe der ARD können, kann die Marlene Streeruwitz (Literatur, Österreich) schon längst: *Herzen brachen. Sie steckte ihre Hände tiefer in die Manteltaschen. Her-*

---

[*]   Für das Fundstück danke ich Volker Surmann, Berlin.

zen konnten brechen. Sie hätte die Daunenjacke anziehen sollen. Der Stoffmantel nicht warm genug. Ihres. Ihr Herz. Das würde diese dünne Linie entlang. Diese Linie. Links. Links vom Brustbein. Diesen scharfen Schmerz entlang. Innen. Diesen Schmerz entlang. Der aus der Erinnerung aufstieg. Der aus der Erinnerung aufsteigen konnte. Mittlerweile. Dieser messerklingenscharfe Schnitt links in der Brust sich an sich selbst erinnern konnte. Längst nicht mehr die drängende Schwere einer Verzweiflung brauchte. Sich sammeln konnte. Zu diesem fadenspitzen Stechen gerann. Der Schmerz ein heller Metallfaden die Brust herauf gespannt. Mit sich trug. Oft. Wenn die Literatin aber was von der TV-Kollegin unterscheidet, dann natürlich, daß jene viel mehr Stile kann: *Alles wird gut, ich muß nur die Praterhauptallee hinauf- und hinunterrennen und dann ist wieder alles gut, dann kann ich das Schokoeis von heute nacht und das Essen von Weihnachten vergessen und daß ich nicht geschlafen habe, wegen dem Gerhard, obwohl ich das gar nicht will und es gar keinen Grund gibt, den so ernstzunehmen, aber beim Laufen dann, dann brauche ich an nichts zu denken, und bei der Kälte vergeht einem auch noch jeder Wunsch, ich möchte nicht, eigentlich möchte ich gar nicht, überhaupt nicht, ich möchte in der Badewanne liegen und warmes Wasser um die Haut und nur daliegen und nicht bewegen, bewegen nur, wenn das Wasser schaukelt und warm und nicht aus dem Auto in diese Kälte hinaus und dieser Mann da, in dem roten Fiat, der zieht sich auch seine Joggingjacke an, der wurschtelt sich auch in seine Windstopperjacke* usw.

Das muß ein anstrengendes Leben sein: entweder Verstopfung oder Durchfall zu haben. Vielleicht liegt's an der Ernährung?

*

Apropos Österreich: Wer jetzt oder in Zukunft mit Absicht, aus Nachlässigkeit oder Lokaljournalismus in periodisch erscheinenden Druckwerken das Synomym *Alpenrepublik* verwendet, wird mit Marlene Streeruwitz nicht unter zwei Stunden bestraft.

Was sage ich: Wochen.

*

Ein Letztes aus dem ‹Weser-Kurier›: *Frage der Woche: Lest und schreibt Ihr Gedichte – oder ist Prosa out?*

Natürlich auch nicht schlecht.

HÖRT, HÖRT!
Was die Frau B. so meint

Ich habe begriffen, daß mein Gehirn nicht das eines Genies ist …
Ich sehe sie vor mir, ein Haufen Klischees
Frau B.

God, what an eejit! She's never happy unless she's complaining
about something!
Ted Crilly

Und dann ist da noch Frau B. Frau B. ist ca. vierzig und wurde mal als «Übermutter der jungen deutschen Literatur» bezeichnet. Wir können Sie hier Frau B. nennen, denn Frau B. ist so bekannt und liegt bei so vielen Menschen (v. a. jungen Frauen) auf dem Sideboard, daß sowieso jeder weiß, wer gemeint ist; spätestens wenn wir darauf hinweisen, daß es in ihren Büchern gerne um Einsamkeit, fiese Kerle und Kinderficken geht, Frau B. aber keineswegs Österreicherin, sondern aus der Ostzone ist und aber trotzdem und schon aus Prinzip nie auch nur das kleinste Blatt vor den Mund nimmt, was man ihr hoch anrechnen soll in einem Land wie dem unseren, das von Tabus ja geradezu vollgestellt ist.

Frau B. hat, und das macht sie einzigartig, einen gesunden Haß auf alles, was es gibt: Sie mag sich nicht, sie mag die Leute nicht, sie mag die Welt nicht, und das ist geil. So geil, daß z. B. die angesehene ‹Süddeutsche Zeitung› schreibt: «Frau B. ist eine der wenigen deutschsprachigen Autorinnen, für die es sich noch lohnt, eine Buchhandlung zu überfallen», um dann alle Bücher von ihr anzuzünden?

Aber nein, im Gegenteil: «Wie immer, wenn Frau B. schreibt, tut sie es gnadenlos und treffsicher» (‹KulturSpiegel›) bzw. «Frau B. öffnet uns die Augen und ist einfach unverzichtbar» (‹Literaturen›).

Ita est. Zumal sich ihre Bücher auch relativ leicht zusammenfassen lassen, wie z.B. das aktuelle, das ‹Ende gut› heißt, ein «nicht zu überbietender Roman» (‹SZ›) von «schriftstellerischem Format» (‹FAZ›) ist und in dem es wieder mal sehr treffend um Apokalypse und Altwerden und Konsumwahn geht und das man aber gar nicht zu lesen braucht, denn es reicht völlig, sich die einschlägigen Ansichten und höchst originellen Meinungen von Frau B. rasch einzuprägen. Das spart Zeit und macht den Kopf frei für irgendwas Anspruchsvolles, Werbefernsehen gucken oder so.

Lassen wir die B. also zum Propheten kommen, das spart einen Weg und öffnet uns die Augen:

Achtziger, die *Um mich waren die 80er Jahre, vielleicht das beziehungsloseste Jahrzehnt, das wir im letzten Jahrhundert erleben durften*

Buchmarkt *Erfolgreiche Bücher sind wie Fernsehsendungen. Leicht müssen sie sein, mit amerikanischem oder spanischem Schwung, Epen wie Hollywoodfilme, oder ghostgewritete Werke sexsüchtiger Popsänger. Bücher, die dem Leser einen Gedanken schenken, interessieren nur eine bibliophile Minderheit, und die ist tot*

Deutschland *Ich habe seit langem keinen mehr getroffen, der auch nur mal für einen Tag zufrieden war. Das könnte daran liegen, daß Deutschland ein wenig Mühe mit der Zufriedenheit hat*

Einkaufen *Als ob die Waren bereits wieder erbrochen wären, so liegen sie in ihren Körben ... Brot aus Sägespänen, Schmelzkäse aus Chemieabfällen*

Euro *Heute würde man sagen, daß meine Wohnung dreihundert Euro kostet, jedoch weigere ich mich, das Wort EURO auszusprechen. Ich schäme mich des albernen Wortes, sehe die gealterten Sozialdemokraten mit ihren gelben Krawatten und ihren roten Brillengestellen, die es sich ausgedacht haben, ... sehe sie abends vergeblich zu onanieren trachten, die Herren, ob des Gedankens, eine neue Währung erfunden zu haben, aber leider kommt da nichts, die Prostata, Sie wissen schon*

Fernweh *Ich möchte gerne Frankreich besichtigen. Milchkaffee, gelbes Licht, regennasse Alleen, Baguettescheiß*

Freizeit *Die, die nicht schlafen, saufen und glotzen, begegnen der Leere mit Kegeln, Kino, Schlagen oder Kindervergewaltigen. Das ist ein Sport geworden, für Männer im schlechtesten Alter, also jeden*

Gutmenschen *Im Deckel des Soja-Puddings, der heute meine Hauptmahlzeit gewesen ist, steht: Von Menschen hergestellt, die ein gutes Bewußtsein pflegen. Ökoalarm! Selbstgerechte, ungeschminkte, übergewichtige Damen, die Kunst machen, vermutlich Scherenschnitte, und Weltmusik hören, die voll bewußt in ungeheizten Häusern verkehren und Sojamus reiben between ihren nackten Schenkeln. Muß den Sojapudding erbrechen*

Heim, trautes *In den Häusern gehen Lichter an. In den Häusern, hör nur, sie schreien sich an, sie trinken und schlagen sich, schlagen die Kinder, ficken die Kinder, ficken sich, schlagen sich*

Jugendwahn *Weil die Bevölkerung der westlichen Welt hoffnungslos überaltert war, wurde Jugend als luxuriöse Qualität verehrt. Zwanzigjährige schrieben Bücher, Fünfzehnjährige machten Millionen mit Musik, Vierzehnjährige waren Top-Models. In Zeitungen, Magazinen und im Fernsehen erklärten minderjährige Schwachköpfe im deliriösen Orgasmus ihrer eigenen Größe die Welt. Alle anderen waren Verlierer, alt oder ohne Lehrstelle, waren Ausländer oder Proleten, tanzten verzweifelt, mit Drogen zugedröhnt, auf Technoparaden und ließen sich als Spaßgeneration beschimpfen. Das Jahrzehnt hatte den Körper zum heiligen Dings erklärt*

Kultur *Um über Kultur zu schreiben, muß man nichts können. Es genügt, eine Meinung zu haben*

Leere, existentielle *Ein Lichtspielhaus, in dem Spidermann läuft und Harry Potter oder irgendein anderer Scheißdreck, mit dem die Menschen ihre Zeit rumbringen sollen. DIESE LEERE*

Leichtigkeit des Seins *Es gibt vieles, das man an der westlichen Welt hassen kann. Es gibt vieles, das man an der östlichen, dritten, islamischen, kapitalistischen, kommunistischen Welt hassen kann. Es gibt Männer, die man hassen kann, und Frauen, die man hassen kann. Eigentlich kann man alles hassen, da muß man sich keine Mühe geben*

Liebe *Heute hat man korrekte Beziehungen mit ausgewogenem Kosten-Nutzen-Faktor*

Männer *Rätsel Mann, der, egal wie alt und unansehnlich, vermeint, ihm stünde eine Schönheitskönigin zu, weil es sich bei jeder*

Frau doch nur um eine unterlegene, primitivere Spezies als die männliche handelt

Meinung *Keiner hat mehr Ahnung. Alle wissen gleich viel. Jede Sekunde kann jeder eine neue Meinung haben und sie, ist er dumpf genug, auch äußern. Aber alles ist falsch. Die Zeit der Meinungen ist vorbei*

Proletariat *Der Gedanke, von einem arbeitslosen, dank zuviel Fernsehen degenerierten KFZ-Mechaniker in einer häßlichen Baracke durch einen schlecht plazierten, weil ungeübten Kopfschuß erledigt zu werden, entbehrt jeden Glamours*

Psychotherapie *O-TON THERAPEUTIN: Sehen Sie, da brechen jetzt Ihre Barrieren auf, innere Widerstände, ich habe dazu auch ein Tanztheaterstück choreographiert, da wird das Aufbrechen alter Muster ertanzt, nackt, und am Ende steht eine Anklage gegen den Krieg, quasi ein stummer Schrei, Tänzer in Schwarz treten an die Rampe und brechen zusammen, über ihre Leiber schreitet ein Kind in Weiß*

Quatsch ist das natürlich alles, Sie werden es gemerkt haben, ein gräßlicher Klischeeauflauf aus allen Gratisüberzeugungen und Dutzendansichten, die wir postmodernen Durchblicker so draufhaben, und das alles in diesem berufsjugendlich subjektivistischen Ich-habe-eine-coole-Meinung-leckmich-Scheißdreck-Dingsbumston: allerspätester Popliteraturkrempel, der aber das Feuilleton wieder anstandslos passiert hat: «Über das Vergammeln der Körper zu Lebzeiten – und die Seele in der Wiederholungsschleife – hat seit Gottfried Benn vielleicht niemand mehr so gehässig und untröstlich geschrieben wie Frau B.» (‹FAZ›), mei, unter Benn tun sie's nicht mehr.

Na ja. Die einen sagen so, ich sage so. Müssen wir wohl buchen unter

Relativität *Irgendwann, gestern oder vor hundert Jahren, bin ich in diese Stadt gekommen ... ein Filmdings mit irgendwem und so weiter ... Oder Dings*

Sexualität *Wenn doch wenigstens einer mit mir ficken möge. Möchte keiner. Geschlechtsverkehr hat man mit sich, vor Filmen und Heften, vor dem Computer. Ist man zufällig ein Paar, so wird nicht gefickt, weil man gelesen hat in den letzten zehn Jahren, wie das zu sein hat: laut und lang, alle Zonen erforschend, und unter drei Orgasmen läuft nichts. Der Verkehr ist ein Statussymbol wie der Bodybuilding-Leib, er muß funktionieren und wird benotet*

Sonntag *Der Sonntag gewinnt in meinem Wettkampf der Depressionen nach Pfingsten und Weihnachten den Trostlosigkeitspokal in Bronze*

Stadtarchitektur *Hinter dem Basarviertel beginnt der Standardhöhepunkt europäischer Scheißstädte – die 70er-Jahre-Fußgängerzone*

Urlaub *Was soll man wohin fahren, stundenlang, um auf Stränden fremder Leute zu lümmeln, sich von schlechtbezahlten Angestellten hassen zu lassen und in zu großer Hitze in überteuerten Jeeps tröpfelnde Wasserfälle besichtigen*

Worte *Wollen nur wirken, die Worte, die Sau*

Zeit *Die Zeit, die immer schneller vergeht, das große Gähnen, jeder spricht davon, der über 40 ist, weil der Speicher im Kopf immer voller wird und die Wiederholungen immer zahlreicher, weil man immer mehr gleichzeitig geschehen läßt: Musik hören, SMS schreiben, Mails checken, Fernsehen schauen, Zeitungen überfliegen, ohne daß wirklich etwas geschieht, denn alles ist virtuell*

– nämlich virtueller Kappes. Auch wenn ich das alles z.T. nur überflogen habe: Mein Speicher ist jetzt voll, ich bin der zahlreichen Wiederholungen müde.

Und geh' dann mal fernsehen.

KLAPPE!
Hereinspaziert: Über das Komische an
Bücherwerbung

Vielleicht ist sogar die Sprache des Klappentextes das beste vor-
handene Barometer für den Stand der Sprache des Kulturbetriebs.
Der Klappentext, da er verkaufen will, horcht die jeweils aktuellen
Tendenzen am hellhörigsten und am nachgiebigsten ab.
Dieter E. Zimmer

Am Pariser Boulevard St. Martin ist Louis Thouret ermordet
worden. MAIGRET klopft seine Pfeife aus und begibt sich an den
Tatort. Der Fall ist scheinbar völlig dunkel. Aber unser Kommissar
MAIGRET zündet seine Pfeife von neuem an und unternimmt, was
ihm notwendig erscheint. Er kommt auch auf eine falsche Spur,
doch er wäre nicht MAIGRET, wenn er diesen Irrweg vertuschen
würde ... Nachdem MAIGRET ein Gläschen seines geliebten
Calvados getrunken hat, kommt alles ins Rollen durch den Mann
auf der Bank am Boulevard Bonne Nouvelle.
Umschlagtext des Taschenbuchs ‹Maigret und der Mann
auf der Bank›, Kiepenheuer & Witsch 1954

Bitte beruhigen Sie sich: Sie haben ja recht. Natürlich sind
Klappentexte Werbung und als solche erst einmal so simpel
und niveauunterschreitend, wie Werbetexte nun mal sind
und sein müssen. Andererseits werfen Sie ja doch irgendein
Licht auf den «Betrieb» (Lenin), ohne den es ja nicht geht,
ohne den kein Buch erschiene und kein Autor verkaufte;
und sind eben, siehe oben, Indizien für und Ausdruck von
Tendenzen und Stimmungen, für die Launen und Über-

zeugungen derer, die den Kram kaufen sollen und die, das ist die Logik der Werbung, in ihrem Tran halt nicht gestört werden dürfen. Was natürlich so literaturfern wie nur was ist, aber derlei Widersprüche muß der freie Westen halt einfach hinnehmen und aushalten.

Erinnern wir uns an den Klappentext der Tagebücher Brigitte Reimanns und was im vorletzten Kapitel dazu zu sagen war: Es kann kein Zweifel bestehen, daß der Aufbau-Verlag (oder mindestens seine Werbeabteilung) diese Bekenntnisse einer durchaus literarischen Seele übers Frauenbuchregal verkaufen wollte und mit einem irgendwie politisch-literarisch-zeitgeschichtlichen Interesse oder einschlägiger Vorbildung der Leserinnen entsprechend nicht gerechnet hat, weswegen das Glossar schulbuchhafte Einträge versammelt wie ‹Mutter Courage› – *Bertolt Brecht, ‹Mutter Courage und ihre Kinder. Eine Chronik aus dem Dreißigjährigen Krieg› (1939), Mendels Erblehre – Johann Gregor Mendel hatte die Regeln entdeckt, nach denen die Weitergabe von Erbanlagen erfolgt* und *Wartburg – eine Automarke.* Der gräßlich mutmacherische Titel ‹Ich bedaure nichts› und die einschlägigen Rezensionsausschnitte, die alle auf irgendwie Frausein und Leidenschaft abheben, runden die Verkaufe, genauer: die Für-dumm-Verkaufe dann vorschriftsmäßig ab.

Uns Literaturnutzern trauen die Verlagswerber ja eh nichts mehr zu und kommen uns lieber pädagogisch bis propädeutisch: Der Klappentext des Buches ‹Tupolew 134› von Antje «Rávic» Strubel (von der oben schon die Rede war) geht z.B. geradewegs so: *Der Roman bedient sich ... dreier Zeitebenen ... und findet dafür das Bild vom «Schacht»: Der Text ahmt diesen Schacht nach, auf seinen verschiedenen Plateaus irr-*

lichtert eine Erzählerin, die die Leser in immer schwindelerregen-
dere Tiefen der Ungewißheit lockt – das würfe die Frage auf,
ob der verläßliche Wechsel zwischen den Plateaus «oben»,
«unten» und «ganz unten» (in diese Zeitebenen ist der Roman gegliedert, soll heißen: heute, früher, ganz früher)
tatsächlich schon ein Irrlichtern ist (Bergleute irrlichtern
ja auch nicht in ihren Flözen herum) und ob man schwin-
delerregend eigentlich steigern kann; aber erst einmal bin
ich als potentieller Leser pikiert, daß man mich für dermaßen deppert hält, das simple Bauprinzip des Romans nicht
zu schnallen, und mir die Gebrauchsanweisung ungefragt
hinterherträgt.

Aber die Werber spekulieren ja schließlich auf eine
Unterbildetheit, die sich noch die urältesten und faden-
scheinigsten Verkaufsmaschen andrehen läßt: *Antje Rávic*
Strubel, 1974 geboren, studierte nach einer Buchhandelslehre
Amerikanistik und Literaturwissenschaft in Potsdam und New
York, wo sie als Beleuchterin an einem Off-Theater arbeitete, was
immer uns das mitteilen will: Der Roman hat nämlich
weder was mit Theater oder Beleuchtung zu tun, noch ist
er im Selbstverlag und auf Zeitungspapier gedruckt und
also irgendwie *off*. Aber es gibt sicher noch Leuchten, die
ein Auslandsstudium per se erstaunlich finden und bei
Szeneindizien wie Kleintheater-Mitarbeit auf der Stelle
in Respektshaltung erstarren. Und dann weißgottwelche
Urbanitäten erwarten, die der solid gemauerte ‹Tupolew›-
Roman aber weder hergibt noch hergeben will.

Über die Albernheit sich als schräg und originell oder
wenigstens witzig verstehender Autorenbiographien ist
ja vermutlich schon geschrieben worden, aber da dieser
spezifischen Beklopptheit kein Ende ist, verzeihe man die

Wiederholung, es ist halt einfach zu blöd: *Sibylle Berg, geboren vor nicht allzu langer Zeit in Weimar, gilt seit ihrem Debüt-Roman ‹Ein paar Leute suchen das Glück und lachen sich tot› als Übermutter der jungen deutschen Literatur. Darauf könnte sie verzichten. Neben den Büchern ‹Sex II›, ‹Amerika› und ‹Gold› schrieb die überzeugte Kettenraucherin Theaterstücke und Texte für verschiedene Magazine in Deutschland und der Schweiz, darunter ‹Das Magazin› (Zürich), ‹Allegra› (Hamburg) und das ‹Zeit-Magazin› (Gott hab es selig). Sibylle Berg lebt in Zürich, weil es dort so schön ist.* Die Werber sind entschuldigt, denn daß dieser erzeitle Egoauflauf aus der Feder der Berg selbst stammt, ist ja klar wie Doppelkorn und sagt viel bis alles über die Autorin und das, was sie im schönen Zürich überzeugt kettenrauchend so zusammenklopft.

Mariana Leky wurde 1973 in Köln geboren, nach einer abgebrochenen Buchhandelslehre und einem Kulturjournalismus-Studium lebt sie in Hamburg, na schau, das ist wenigstens mal eine Information: denn das dranhängende Romanimitat ‹Erste Hilfe› liest sich auch beeindruckend buchhändlerinnenhaft und war in der Folge für den angesehenen ‹Amica-Literaturpreis› gut. *Steinunn Sigurdadóttir, geboren 1950, gehört zu den bekanntesten isländischen Autoren. Ihre Werke markieren wichtige Etappen der isländischen Literatur der achtziger und neunziger Jahre,* das glaubt der Texter wahrscheinlich selbst nicht, daß eine Autorin mit Büchern wie ‹Der Zeitdieb› und ‹Herzort› mal so mir nichts, dir nichts ein paar nationale Literaturetappen markiert hat, und dann auch noch *wichtige.*

«Da streck ich doch lässig meine Beine aus und verrichte in Ruhe meine Notdurft» (C. Montgomery Burns, Springfield/USA).

Schön, wenn Bücher wenigstens derart substanzlos sind, daß selbst den Klappenwerbern nichts dazu einfällt – man erlaube mir ein längeres Zitat, es ist einfach zu und zu goldig: *Mitte der 90er Jahre: Mit den neuen Medien hatte Christian Schlüter bisher wenig zu tun. Jetzt tut sich auf einmal eine glanzvolle und unbekannte Welt für ihn auf. Aber GFPD ist keine normale Agentur. Hier wird mehr verlangt als nur Arbeit: Hier wird Freiraum gewährt und Erfolg erwartet.* Durchaus im Unterschied zu normalen Agenturen, die jedes Komma vorschreiben, aber dafür auch Mißerfolg akklamieren. *Bald sieht sich Christian als Teil eines Projekts, das mit einer Bausparkasse und dem Weltraum zu tun hat. Alles scheint zu gelingen, die Euphorie wächst und das Privatleben schwindet.* Wenn wir jetzt kleinlich wären, könnten wir darauf bestehen, Euphorie sei das letzte, dem Tod unmittelbar vorausgehende Hochgefühl eines Sterbenskranken; daß das Privatleben dann sehr im Schwinden begriffen ist, wer wollte es bezweifeln?[*] *Gudula heißt die effiziente Kollegin, die ihm zeigt, wie Teamarbeit wirklich funktioniert,* ein Schelm, wer Böses dabei denkt, aber da ist der effiziente Name Gudula ja durchaus vor. *Christian versucht das Unmögliche: erfolgreich und dabei glücklich zu sein.*

---

[*] Analog wird von Eingeweihten gern beklagt, das beliebte *Morgenluft wittern* sei keine Positivmetapher für Chance sehen und Oberwasser kriegen, denn der Geist des toten Königs von Dänemark, der seinem Sohn Hamlet erscheint und schließlich Morgenluft wittert, müsse deshalb und nämlich bei Tagesanbruch ins Grab zurück. «Fair enough!» (Father Dougal McGuire, Craggy Island), vgl. aber bitte bereits Eichendorff: «Ein Stern still nach dem andern fällt / Tief in des Himmels Kluft, / Schon zucken Strahlen durch die Welt, / Ich wittre Morgenluft» (‹Morgenlied›). Vielleicht müssen wir auch einfach akzeptieren, daß sich Metaphern irgendwann emanzipieren, das Haus verlassen und ihr eigenes Leben führen. Solange sie uns nicht ständig um Geld angehen und am Wochenende mit der Schmutzwäsche ankommen!

Erfolg ist ja nicht alles, aber hängen reziprok Glück und Mißerfolg im Ernst so eng zusammen? *Er schlittert, glatt draußen?, zweifelt, hofft, doch als er gerade beginnt, seine Zukunft in einem strahlenden Licht zu sehen, verkomplizieren sich die Dinge erneut. Der Druck steigt, die Anspannung nimmt immer mehr zu.* Niemand, der solche Sätze erbricht, sollte mit Literatur zu tun haben, nicht einmal am äußersten Rande. *Euphorie ist jetzt überlebensnotwendig,* selbst wenn wir nicht kleinlich sind und Euphorie dudentreu als «kurzzeitiges Stimmungshoch» definieren, kann auf überlebensnotwendiges Maß verlängerte Euphorie eigentlich nur bedeuten: Koks. Zumal vor dem großen Auftritt, *alles steuert auf den Augenblick der Präsentation des Projekts zu ...*

Einerseits sollte S. Fischer seine Klappentexte nicht von lesebehinderten Praktikanten schreiben lassen; andererseits mag es den Rainer Merkel trösten, daß sein Buch (‹Das Jahr der Wunder›) unmöglich so schlecht sein kann, wie es diese Klappentextkatastrophe nahelegt.

Aber seit Kleists Marionettenspieler wissen wir, «daß in dem Maße, als, in der organischen Welt, die Reflexion dunkler und schwächer wird, die Grazie darin immer strahlender und herrschender hervortritt», und sind also in der Lage, in der Konzentration des Blödsinns noch Schönheit schimmern zu sehen. Und wo träte verkaufsstimulativer Unfug glitzernder zutage als im Taschenbuchkatalog eines großen deutschen Publikumsverlags? Den wir bei einer dampfenden Tasse frischen Bohnenkaffees angelegentlich durchblättern?

Oder erst einmal irgendwo aufschlagen: *Das Mitglied einer japanischen Killersekte. Der Jazzfan. Die alte Frau auf dem heiligen Berg. Der Kunstfälscher. Die Wissenschaftlerin. Der mysteriöse Ghostwriter. – Das Netz der Erzähler reicht einmal um den Globus.* Und so bekommt das Wort «Weltliteratur» in diesem *sprachmächtigen, handlungsprallen Roman eine ganz neue Bedeutung.* Die Weltliteraturerfinder Goethe zum Glück nicht mehr erleben muß. Trotzdem ist das Buch ‹Chaos› von David Mitchell *«eines der besten Bücher, die ich je gelesen habe»* (Antonia S. Byatt), wer immer das nun wieder ist, bzw. *«ein Roman, der die Oberfläche des Globus beschreibt und sich dabei bis zu seiner Seele gräbt»* (‹Welt am Sonntag›), was immer das nun wieder heißt. Aber daß dieser Globus mal zum Psychiater muß, leuchtet ein, auch wenn wir immer dachten, tiefer als Lichtenberg habe keiner gegraben – und nun also ein Mister Mitchell.

Na, von mir aus.

Beschäftigen wir uns lieber mit dem Format dieser reizenden Anzeige; das entspricht nämlich, jawohl, der altehrwürdigen, im Barock beliebten Kunstform des Emblems: Ein Emblem besteht aus einer Überschrift (Lemma oder Motto), worin eine ethische Wahrheit Ausdruck findet, einem Bild (pictura) mit allegorischer Bedeutung, das sich in der klassischen Emblematik mit der Überschrift zu einem Rätsel vereinigt, und der subscriptio, der Unterschrift, die in epigrammatischer Form den allegorisch-moralischen Gehalt des Bildes in kunstvoller Verschleierung offenbart und also das Rätsel löst. Und ca. genauso oder wenigstens ähnlich funktioniert's in unserem Katalog:

Lemma: *Lust, die an Grenzen geht.*

Pictura: der Buchtitel, eine nackte Frau im Halbdunkel (= ewig dunkle Sexualitas!)

Subscriptio, des Rätsels Lösung: *Die junge Jessica liebt die*

Herausforderung. Als Reporterin und im Bett. Bei den erotischen Abenteuern verwöhnt sie der athletische Kelly, der ihr mit seinen lustvollen Überraschungen ungeahnten Genuß bereitet. Er ist aber nur ein erster Schritt auf dem Weg zum wahren Vergnügen. Und also, um's epigrammatisch auch voll hinhauen zu lassen: *Eine faszinierende Frau aus der Stadt der Engel erlebt das Spiel um Macht und Hingabe,* na fein und sehr gut! So anspielungsreich hochkulturell und bewußt barock kann Buchreklame sein, bravo!

Und doppelt schade dann, daß diese formale Strenge anderwärts nicht recht durchgehalten wird und die Lemmata sich gradwegs so anhören:

Autor des Monats: José Saramago.

Sehen so heute verlagsethische Wahrheiten aus: *Autor des Monats: José Saramago*? In Frankfurt, wo ich wohne, gibt es einen Gebrauchtautohändler, der einen kleinen Plastikaufsteller mit der Aufschrift «Auto der Woche» besitzt, den er im Wochenwechsel und m. E. blindlings aufs Dach irgendeiner nächstbesten Karre knallt – nicht einmal in vom würgenden Verkaufswahnsinn («30 Jahre zufriedene Kunden – Auto-Leichtkauf – Sofort zugreifen!!!») getrübten Momenten hält der Herr Schwanzl («Immer erst zu Schwanzl!») das, ich wette, für ethisch, eine Wahrheit oder gar beides.

Aber gut, schauen wir erst mal weiter: Die pictura ist, hier weichen die Verantwortlichen vom klassischen Schema ab, zweigeteilt und besteht zum einen (links) aus einem Bild des Autors, zum anderen (rechts) aus naklar dem Buchcover bzw. dem Ausschnitt einer Treppenhausklingelleiste, wobei die Klingelschilder keine Namen, sondern Ziffer-Buchstabe-Kombinationen tragen: *5E, 7E, 7E, 2A* – die

7E zweimal, denn das Buch heißt ‹Der Doppelgänger›. Und nun also die subscriptio, die Unterschrift, die Auflösung, wir sind gespannt: *Der Geschichtslehrer Tertuliano Maximo Alfonso holt sich zur Ablenkung vom Leben einen runter* Entschuldigung, was bin ich manchmal albern! *Film aus der Videothek. Erwartungsgemäß gefällt ihm der Film nicht. Aber wie groß ist seine Überraschung, als er feststellt, daß ihm eine der Nebenfiguren zum Verwechseln ähnlich ist. Am nächsten Tag beginnt er seinem Doppelgänger nachzuforschen.* Endergebnis: «Der Doppelgänger liest sich, als hätten Alfred Hitchcock und Sigmund Freud Hand in Hand geschrieben» *(Handelsblatt).*

Ja. Bzw. was lernt uns das? Daß entweder Hitchcock oder Freud Linkshänder war? Daß Rowohlts Waschzettel nicht schlechter sind als die von S. Fischer: *zur Ablenkung vom Leben?* Und was für eine Moral ist das überhaupt: *Erwartungsgemäß gefällt ihm der Film nicht?* Soll man bocklos in den Videoladen schlurfen und sich dann beschweren? Weil man nur so, als intellektueller Videofilmfeind, zum «Autor des Monats» wird?

Der Verdacht drängt sich auf, hier sei eine Kunstform gar nicht recht begriffen worden.

Und deshalb wollen wir den in Rede stehenden Katalog auch gar nicht als Kunst, sondern als maximal Kunsthandwerk verstehen, denn im Rahmen seiner Möglichkeiten kann das Werk «Die neuen Taschenbücher – Belletristik – November 2005 bis April 2006» dann ja doch überzeugen: *Eine Geschichte so weit wie Australien*, so weit die Adjektive tragen: «Du, deine Story ist mir irgendwie zu eng, machst mir die noch ein bißchen weiter?» *Spannung pur! Das Blut wird Ihnen in den Adern gefrieren*, Originalität pur, die mir allenfalls die Leselust einfriert. *Eine Autorin mit unglaublichem Feelgood-Faktor*, hoffentlich, denn mein Feel-Faktor geht anlagengemäß halt doch Richtung bad, aber mich will ich ja auch nicht lesen, sondern die Liz Ryan (*Liz Ryan spricht nicht nur das Herz, sondern auch den Verstand ihrer Leserinnen an*) bzw. die eigentlich auch nicht, sondern ihr Buch!

Also, im Scherz jetzt.

Nein, liebe Klappentexter, Buchwerber und PR-Verantwortliche: Handwerk gehört zum Klappern. Das könnt Ihr jetzt glauben oder bleiben lassen; und Euch wassolls im Sommerkatalog rächen: *Sprachkritik mit Feelgood-Faktor – dieser Autor spricht nicht nur das Herz an, sondern auch die Wahrheit pur. Zur Ablenkung vom Streß! So weit, so gut!*

Nur so als Idee.

KEHRAUS
oder Das merkantile Herz der Dinge

Und ab jetzt sollte man über all die Trottel und Pfaue und
Närrinnen bitte wirklich kein einziges Wort mehr schreiben.
Es wäre allzu schade und seinerseits korrupt.
Jürgen Roth

Liebe Leserin, lieber Leser: In diesem Buch ist ein Fehler
versteckt. Vielleicht sind's sogar zwei. Oder zwölf! Ich kann
das nicht genau sagen, denn ich habe sie so gut versteckt,
daß ich selbst nicht weiß, wo. Das wäre dann natürlich
schön für uns beide, für Sie und für mich, wenn Sie einen
fänden, denn Sie könnten sagen: Na guck, der Klugschei-
ßer ist auch nicht perfekt. Und ich könnte sagen: Na schau,
die Leute sind am Ende aufmerksamer, als zu befürchten
stand. Vielleicht ist ja noch nicht alles zu spät!

Ist es natürlich doch. Kaum glaublich jedenfalls, daß
die mit jedem Tag wüster fuhrwerkende Generalverschlu-
derung der öffentlichen Sprache und des öffentlichen
Denkens noch zu hemmen oder gar zu stoppen wäre. Daß
es immer so weitergeht, ist, da halten wir's mit Dr. Benjamin, nun mal die Katastrophe, und wir bescheidenen
Übersetzer werden's nicht ändern, daran sind schon ganz
andere, Größere gescheitert. Was uns bleibt, ist, wenigstens die schlimmsten und kurrentesten Albernheiten
zu notieren und, im besten Falle, unseren Spaß daran zu
haben:

Turnstunde

Am Morgen hockten wir, als Klasse aufgereiht
Vor einer Sprossenwand, und waren klein
Und hatten Gänsehaut vor Kälte. – «Seid bereit!»

Schrie uns der Lehrer an. Wir nannten ihn Das Schwein.
Vor Zeiten war das, Schattenwelt. Ach, so weit fort
Gewünscht hat man sich früh beim Sport.

Nun ist man da: weit fort. Und dreißig Jahre älter.
Das Schwein ist tot. Er starb an Herzinfarkt.
Doch niemals war die Kälte wieder kälter

Als früh im Turnsaal damals. – «Wer wird stark?»
Der sich am Reck aufschwingt, die Lippen blau?
Der sich zurückzieht in sein Schneckenhaus?

«Schon wieder Durs Grünbein??» (Lektor Fest), aber ja: Denn derlei simpel verreimte Eitelkeitsnachweise von Leuten, die in Schulsportunlust (oder in Matheschwäche, was noch beknackter ist) gleich existentielle Exzellenz sehen, liegen anderswo in Jugendzimmerschubladen; hier landen sie in Deutschlands renommiertester Tageszeitung auf der ersten Feuilletonseite, weil mindestens zwei Leute unfähig oder nicht willens waren, mal bei Shakespeare oder sonstwo nachzuschlagen: Schneckenhausbewohner Durs Grünbein nicht und der verantwortliche Redakteur gleich gar nicht. Is schließlich von einem Büchnerpreisträger, der Auflauf, dann wird's schon seine Ordnung haben. *Wir nannten ihn Das Schwein* – fabelhaft.

Die Feststellung, heutzutage gehe einfach alles, mag schon ein paar tausend Mal zu oft getroffen worden sein, allein: Sie ist ja wahr.

Walter Benjamin beklagte in seiner ‹Einbahnstraße›, die Stunde der Kritik sei «längst abgelaufen»: «Kritik ist eine Sache des rechten Abstands. Sie ist in einer Welt zu Hause, wo es auf Perspektiven und Prospekte ankommt und einen Standpunkt einzunehmen noch möglich war. Die Dinge sind indessen viel zu brennend der menschlichen Gesellschaft auf den Pelz gerückt. Die ‹Unbefangenheit›, der ‹freie Blick› sind Lüge, wenn nicht der ganz naive Ausdruck planer Unzuständigkeit geworden. Der heute wesenhafteste, der merkantile Blick ins Herz der Dinge heißt Reklame.» Mag sein, daß es die Benjaminsche Unbefangenheit tatsächlich nicht mehr gibt und geben kann, weil man immer schon zu tief drinsteckt im spätkapitalen Schlamassel. Aber zu unterscheiden wäre doch trotzdem nach dem Grad, in dem sich einer gemein macht und auf die Distanz pfeift, die erstens nie verkehrt ist und zweitens Unbefangenheit erst ermöglicht, und nach Kräften und hemmungslos mitramentert, weil das Talent fehlt, der Wille oder einfach das Geld, das mit Radau noch stets am leichtesten zu verdienen ist. Denn immerhin dieser Standpunkt ließe sich doch annähernd problemlos einnehmen: nicht sein zu wollen wie jene, die i.w.S. mit «Kritik» ihr Geld verdienen, nämlich mit der sprachlich-geistig-literarischen Beschäftigung mit Welt und also der laut Wörterbuch «Kunst der Beurteilung», und die aber gleichzeitig davon absehen, einen der Selbstbeurteilung allemal förderlichen Schritt von sich weg zu tun und sich dessen zu befleißigen, was W. G. Sebald «Skrupulantismus» genannt hat.

Aber derlei geschieht auf Erden nicht. Die Nervensägen, Schreihälse und Größenwahnsinnigen, die Illiteraten, Schmöcke und Propagandisten werden nicht aussterben, und akademisch fast die Frage, ob die Menschen im ganzen tatsächlich immer dümmer werden, solange die granitfeste General- und Basisbeschränktheit stets dieselbe bleibt; wenn auch letzthinnig vergrößert und vergröbert durch die Mühen des späten Bürgertums, den Menschen vom Wilhelm Meisterschen Humanwesen zum alleweil wettbewerbs- und unbeschränkt einsatzfähigen Akkumulationshelfer upzugraden, was der Sprache, wie sich denken läßt, nicht bekommen kann. Fachfremdes Nachdenken wird in Zeiten, in denen geisteswissenschaftliche Fakultäten wegen Wettbewerbsunwichtigkeit schon mal geschlossen werden, als störend empfunden, und daß es aber auch prima ohne geht, zeigt das Beispiel eines Hans-Olaf Henkel, der trotz einschlägiger Unterversorgtheit (*Ich bin fest überzeugt: Nur weil Hitler sein Volk bewußt von jeder Art von Globalisierung ausschloß, konnte er es nach Belieben manipulieren und schließlich in die Massengräber schicken*) Präsident einer Leibniz-Wissenschaftsgesellschaft werden konnte und überhaupt der beste Beweis für die Gültigkeit der Erkenntnis ist, daß Geist und Liberalismus seit dem 19. Jahrhundert nicht mehr zusammengehen (Peter Hacks).[*]

---

[*] Wie geist- und sprachschädigend der Liberalismus im 21. Jahrhundert sein kann, hat Franziska Augstein in der ‹Süddeutschen Zeitung› beschrieben: «Angela Merkel freut sich zu Recht darüber, daß sie nicht mehr in der DDR lebt. Ja, ihre Freude scheint stetig zuzunehmen. Je höher sie die Karriereleiter hinangestiegen ist, um so nuancenloser redet sie über die DDR. Noch im Jahr 2000 erzählte sie in einem Interview, daß sie zu DDR-Zeiten gern Weihnachtsfeiern ausgerichtet und als FDJ-Sekretärin Freude daran gehabt habe, ‹Theaterveranstaltungen, irgend

Insofern ist es sicher nicht falsch, darauf zu bestehen, daß, solange die totale Ökonomisierung des Lebens nicht nur hingenommen, sondern sogar gewünscht wird, mit einer Wende zum Guten oder auch nur Besseren keinesfalls gerechnet zu werden braucht. Zwanzig Jahre ist die Beobachtung Schernikaus her, die Unbildung der Jugend im Westen sei «unfaßbar», und auch wenn man hier die Polemik abzieht und sich nicht dem Verdacht großväterlichen Kulturpessimismus aussetzen will, so wäre es doch geradezu ein Wunder, wenn die Mehrheit auch des sog. nichtbildungsfernen Nachwuchses einen Deut klüger wäre, als es ein Studentenabo des ‹Spiegels› zuläßt. Ein Freund berichtet ehrlich erschüttert, wie er von einem Regionalfernsehsender interviewt worden sei, und das Interview habe ein Student geführt, der mit seinen jungen Jahren in Gestik, Mimik und Wortwahl haargenau den öligen TV-Esel gegeben habe, der ihm erkennbar idolhaft vorgeschwebt sei und den das Erwachsenenfernsehen ja auch unbedingt benötigt; und man sollte nicht damit rechnen, daß die jungen Menschen, die «mal was mit Medien» machen wollen, zum größeren Teil nicht ebendieser Güteklasse sind.

etwas Gemeinschaftliches zu machen›. Sie glaube, fügte sie an, ‹daß ich mich da nicht über die Maßen verbogen habe›. Heute spricht sie anders, in ihrer Regierungserklärung sagte sie: ‹In der DDR konnte man erleben, wie bei einer Beschränkung der Freiheit auch die gesamte Ausdrucksstärke des Menschen abnahm.› Was die Ausdrucksstärke angeht, ist Angela Merkel allerdings ein Beispiel für die gegenteilige Entwicklung. Noch in den ersten Jahren nach der Wende hat sie ein unverstelltes Deutsch gesprochen: Ihre Sätze waren meistens klar, und für Dinge, die verschieden sind, fand sie unterschiedliche Wörter. Heute, nach 15 Jahren im freien Westen, kann davon bei ihren öffentlichen Auftritten keine Rede mehr sein.»

Dumm sein und Arbeit beim Fernsehen haben: das ist das Unglück.

Es ist halt immer schlecht, wenn einem keiner sagt, wie's anders und besser ginge; eine Aufgabe, der sich auch Verlagslektoren nicht mehr recht verschreiben mögen, wie auch dem Volker Hage vom ‹Spiegel› aufgefallen ist: «Schludrige Autoren, überforderte Lektorate, versagende Kritiker – im derzeitigen Literaturbetrieb werden immer mehr Bücher in immer dürftigerer Qualität produziert», so das späte Urteil – das aber schon wieder schludriger formuliert ist, als nötig wäre: Denn weshalb sind Lektorate «überfordert»? Bzw. womit? Damit, eins der üblichen Krempelmanuskripte mal zurückzuschicken? Oder wenigstens ordentlich zu korrigieren? Warum macht jemand, der überfordert ist, nicht etwas anderes, womit er weniger überfordert ist? Soll ich mit dem überforderten Lektor dann auch noch Mitleid haben?

Oder ist er überfordert, weil sein Verlag halt jeden Kram ins Programm nimmt und sich entsprechend viele Manuskripte auf seinem, des Lektors, Schreibtisch stapeln? Und warum macht der Verlag das? Muß er? Weil er nur die Wahl hat, die wir alle haben: Beim Hauen und Stechen mittun oder eben eingehen?

Das sind so Fragen. Immerhin: «Krise der Literatur? Ach was. Pure Schlamperei. Nachsitzen!» (Hage) Anders gewendet: Literaturproblem gelöst – einfach besser schreiben! «Schreiben ist ein schönes Handwerk. Oder: Das verbügelt sich, sagte der Schneider, und setzte den Ärmel im Halsloch ein» (Gremliza).

Aber man soll sprachlich-literarisches Elend auch

nicht einfach den Lektoren in die Schuhe schieben, überfordert oder nicht. Denn wenn wir schon darauf beharren,
daß Vorsicht und Skrupel die Eltern alles Sprachlichen
und Literarischen und also Gedanklichen sind (und bei
Hage gerne den Satz Fontanes abschreiben: «Dreiviertel
meiner ganzen literarischen Tätigkeit ist überhaupt Korrigieren und Feilen gewesen»), dann dürfen wir doch von
unseren Schreibern erwarten, was wir füglich von allen
Menschen erwarten, deren Tätigkeiten uns betreffen: daß
sie sich Mühe geben. Aber solange sich die Herrschaften
auf ihre Lektoren verlassen, daß die aus hingeschlampter
Scheiße schon Gold machen werden, und die dann aber
überfordert oder genauso schludrig sind und der Stuß sich
zum Schluß auch noch gut verkauft oder wenigstens ein
paar Literaturpreise abwirft: so lange bin ich nicht bereit,
wie Hage an im Grunde behebbare Funktionsschwächen
zu glauben – nachsitzen! –, sondern möchte den Betrieb
ganz einfach und in schöner Tradition für einigermaßen
verlottert halten; wo nicht für grandios vergammelt.

Fazit: «Es bleibt schwierig» (Walter Giller), um nicht zu
sagen heillos. Und so ist es bei unserem wie bei jedem
Hausputz: Wir wischen und feudeln stundenlang, und am
nächsten Tag sieht alles aus wie vorher. Unrat gibt es eben
immer, und wenn wir unserer After- und Schmockkultur
etwas vorwerfen wollen, dann vielleicht nicht, *daß* sie Unrat produziere, sondern daß sie *soviel* und immer mehr produziert, als wär's nicht grad genug.

Als Beleg dafür, daß es selbstredend nicht besser wird,
hier ein dreißig Jahre altes Schulbeispiel, das der verläßliche Gewährsmann Gremliza aufgesammelt hat und vom

legendären Fernsehkasper F. Nowottny stammt: *Die Bundesregierung huldigte dem Konjunkturfrühling, die Opposition stellte Ursachen der tiefen Wirtschaftsflaute dar. Und aus vielen Städten war der Lärm von Tarifauseinandersetzungen zu hören.* Nun Gremliza: «Das ist pikant: Die Bundesregierung macht Schmus, sie huldigt, die Opposition stellt dar, sagt, wie es ist. Tarifauseinandersetzungen machen ‹Lärm›. Lärm ist Umweltbelästigung. Wer macht Lärm? Die Tarifauseinandersetzungen. Wer löst Tarifauseinandersetzungen aus? Die Unternehmer? Die wollen nur ihre Ruhe haben. Die Gewerkschaften machen Lärm. Warum sagt es Nowottny nicht so? Weil es dann die Leute verstehen und böse werden. Er will sie aber nur in Stimmung bringen. Sie dürfen nicht merken, daß es eine Stimmung ist, die sich gegen sie richtet.»

Und um Stimmung geht es, heute mehr denn je, wo gerade das Fernsehen als Zentrale der «Verblödungsmacht der Bewußtseinsindustrie» (ders.) lustvoll ins Herz der Dinge schaut und sich ganz dem stimmungsvollen Zeit- und Geistvertreib verschrieben hat (ARD, 26.1.2006: ‹Die Mozartshow›, unglaublich), nach Möglichkeit auch die letzten Reste kritischen Vermögens zu beseitigen. Die große Stimmungsmaschine Fernsehen unterscheidet sich in ihrer «strukturellen Korruptheit» (Bourdieu) in nichts von Werbung, sofern es beiden nicht um Analyse und Objektivität, sondern um Affekte und den Reiz als solchen geht – eine Tendenz, die sich auch im vorgeblich seriösen Teil des Printmedialen längst niedergeschlagen hat, wo ein umweglos fürs Altpapier hergestelltes Periodikum wie ‹Focus› unter dem dünnen Deckmantel des ‹Nachrichtenmagazins› nichts anderes mehr betreibt als reaktionären

Ratgeber- und Werbejournalismus für Dumme mit Geld, denen Lesen i. e. S. viel zu anstrengend ist (*Wie jung sind Sie wirklich?* / *So bleibt die Seele gesund* / *Die 200 besten Filme auf DVD*). Und auch der ‹Spiegel›, der sich über genau das zu Anfang noch lustig gemacht hat, ist längst zum irrelevanten Unterhaltungs-Quatschblatt regrediert (*Geschwister – die ewigen Rivalen*), das sich von der Konkurrenz am Kiosk nicht mehr nennenswert abhebt und das man nur dann noch lesen muß, wenn einem die Zugfahrt lang wird und es an neoliberaler Indoktrination noch etwa mangelt.

Wer also über Sprachkatastrophik klagt, über den umfassenden Hang zum Kurzen, Knackigen und Marktschreierischen (man achte nur mal drauf, in welcher Frequenz die Feuilletonisten selbst der honorigen ‹FAZ› neuerdings das Wort «Sensation» gebrauchen: *Felicitas Woll ist eine Sensation*, mei!), aber auch zum Eitlen, Anbiedernden und Marktgerechten, zum insgesamt Gedankenlosen und Kritikfeindlichen, der darf zu der Einsicht gelangen, daß das alles schon sehr in der Ordnung sei, wo schon alles nur mehr «Reklame» (Adorno/Horkheimer) ist und nicht auf Erkenntnis noch Geist zielt, sondern auf Affekt und bunten Lärm setzt, auf «bunte Assoziation und glücklichen Unsinn»: Der Konsument «soll keiner eigenen Gedanken bedürfen: das Produkt zeichnet jede Reaktion vor: nicht durch seinen sachlichen Zusammenhang – dieser zerfällt, soweit er Denken beansprucht – sondern durch Signale. Jede logische Verbindung, die geistigen Atem voraussetzt, wird peinlich vermieden» (dies.), sag' ich ja. Und auch auf die Gefahr hin, meinerseits eine offene Türe einzurennen, so sei doch auf die tiefe Wahrheit aufmerksam gemacht, die darin liegt, daß Marcel Reich-Ranicki nach wie vor als erster Literaturkritiker des Landes gilt. In der Weihnachts-ausgabe 2005 der ‹Frankfurter Allgemeinen Sonntagszei-tung› hatte ein Wolfgang Hartwich aus Berlin unter dem Rubrum «Fragen Sie Reich-Ranicki» *einige Fragen in Sachen Schiller: 1. Welches sind Ihrer Ansicht nach die drei bedeutendsten Dramen Schillers?* Die Antwort: ‹Don Carlos›, ‹Wallenstein› *und* ‹Maria Stuart›.

Zauberhaft. Bzw. hier liegt schon der ganze Hund be-graben: Daß es nur noch mit derlei simulativen, signalhaf-ten Faxen geht – «strukturell eindeutig, aber aussagelos» (Bettina Clausen) –, sollte nach Ranickis beispielhafter Karriere auch der Gutwilligste begriffen haben. Und wenn der populäre Top-Exeget mal nicht mehr ist, kommt die Dauerschmökerin aus Köln, die gleichfalls gern im Tiefflug liest und noch jedes Buch gelobt hat, deswegen auch längst als Allzweckwaffe des deutschen Buchhandels gelten darf und mit vielen anderen dafür sorgt, daß alles immer so weitergeht, mittelmäßige Bücher von mittelmäßigen Kri-tikern als Literatur verkauft werden und sich gute Kunst dann durchsetzt, weil man gut nennt, was sich durchsetzt (Thomas Kapielski). Was nichts anderes heißt, als daß der Literaturbetrieb – wie sein Bruder, der Journalismus, grö-ßerenteils auch – eine reine Werbe- und Witzveranstaltung ist. Und so zur gesamtgesellschaftlichen Verfaßtheit paßt wie der Bobbes aufs Töpfchen.

Und gegen Sprache im Wandel wäre nichts einzuwenden – Sprache ist nun mal funktional, und betrachtet sei Gram-matik allemal «nicht als Gesetz, sondern als Werkzeug» (Pessoa) –, wenn's nicht stets und unvermeidlich hin zum Einfachen und Einfältigen, zum Standardisierten und Trivialen, zum (bewußt oder unbewußt, zynisch oder gedankenlos) Propagandistisch-Dauerwerbesendungshaften und insgesamt Schlimmen ginge und also ungebremst vollstoff abwärts; dieser immerwährende Karneval aus Krach und Oberfläche, aus *Du bist Deutschland**, Guido Knopp und Juli Zeh: er bezeichnet, natürlich, den Untergang des ideellen Abendlandes, wie wir späten Humanisten es noch manchmal erträumen und in dem nicht gar soviel gelogen, gestrunzt und geplärrt würde.

Gremliza zum letzten (und dafür aber schon vor 25 Jahren): «Der Wettbewerb um die Gunst der Konsumenten zwingt die privatwirtschaftlichen Medien, alles zu unterlassen, was die Instinkte und Vorurteile der Leser, Hörer und Seher stören könnte. Ja, um gar kein Risiko zu laufen, müssen sie immer noch ein Stück tiefer ansetzen. Axel Springer sieht das schon ganz richtig: Wer in diesem Business Erfolg haben will, darf nicht belehren, aufklären, fragen – er muß unterhalten, bestätigen, verdummen.» Daß das längst auch fürs öffentlich-rechtliche Medialgehämmere gilt, versteht sich von selbst; und ist ein Skandal für sich.

Die jungen, motivierten Menschen, die nicht angestellt, sondern in reihenweise unbezahlten Praktika an Leib und Seele verschlissen werden, und das ewige Geschwätz von *Wettbewerb* und *Flexibilisierung*; die Schließung eines AEG-Werkes in Nürnberg, die für den Endvierziger in der ‹Tagesschau›, der sich gerade ein Häuschen renoviert, den Ruin bedeutet, und die beinahe gleichzeitige

---

*   Eine Kampagne, in der u. a. und wie selbstverständlich die Medialschaffenden Slomka und Hahne auftauchten – Propaganda und Fernsehen, wir hatten das schon.

Ankündigung der ‹Tagesthemen›: *Reformstau – warum sich in Deutschland nichts bewegt*; die sich unablässig öffnende Schere zwischen reich und arm und die ad infinitum nachgedruckten und immer aufs neue versendeten Parolen von *Freiheit* und *Mehr Eigenverantwortung*: wo Sprache zur Reklame regrediert, ist sie Lüge; nichts zu machen. Und das Gros der Professionellen, deren Werkzeug die Sprache ist, arbeitet halt nicht in der Jörg Fauserschen «Agentur für Sprache und Zweifel», sondern in jener für Phrase und Affirmation. Eben in der Werbeagentur. «Die Parole ersetzt das Komplexe, das Schlagwort die Analyse und das Kunsthandwerk die Mühe der Erkenntnissuche» (Gunnar Schubert). Auch für das spätestkapitalistische Newspeak gilt, was Dieter E. Zimmer über das kulturbetriebliche «neue kritische Idiom» der achtziger Jahre schrieb: «Die Sprechweise ist also nicht die reine Manier; sie ist dem zur Sprache gebrachten Phänomen wesentlich.»

Aber wo Gefahr ist, da wächst das Rettende auch; oder jedenfalls wuchs. Denn die Guten sterben jung, und der Mann, der wie kein zweiter geeignet war, uns die Furien lingualer Verrohung vom Leibe und den Laden blitzsauber zu halten, er ist nicht mehr. Am 27. März 2003 starb, viel zu früh, Winfried Holtmann, Ex-Handballprofi, Radsportpromotor und v.a. aber legendärer Chefredakteur der ‹Sindelfinger Zeitung›, der in sein ‹Amtsblatt für den Kreis Böblingen› Leitartikel pfefferte, die alles, was wir selbst aus den ‹Tagesthemen› gewohnt sind, locker und dreimal in den Schatten stellten; und vor dem ich hier gerne noch einmal und abschließend und ganz im Ernst den Hut ziehe.

Denn wer hätte je so unwiderlegbar zu argumentieren gewußt, daß Asylanten nur Gäste auf Zeit sind: *Das*

sind nicht nur Spielregeln, sondern auch nach völkerrechtlichem
Rahmen oder im alltäglichen Sozialablauf unserer Gesellschaft
Normalfall. Unsere Haushaltshilfe ist ebenfalls aus Bosnien und so
ist die gedankliche Auseinandersetzung, die jeder einzelne für sich,
die Gesellschaft, der Staat als Ganzes diskutieren und entscheiden
muß, für mich relevant, wenn der Sozialablauf mal verstopft
ist, ja was ist denn schon dabei! Und wer hätte je eine derart klassische Apologie der Gurtpflicht in Druck gegeben:
Der Gurt als Lebensretter, das ist eine bewiesene Tatsache. Wer die
heute ignoriert, was nach dem Aufkommen von Sicherheitsgurten,
damals noch ohne Rollsystem, in den 70er Jahren noch verständ-
lich, weil unbewiesen war, der läuft Gefahr wie ein Voll-Idiot als
ein verantwortungsloser Mann (Frau) zu verunglücken und zu
sterben. Und wie die Themen auch hießen, ob Zivildienst
(*Diese, unsere Gesellschaft, das ganze bundesrepublikanische Sy-*
stem bricht zusammen, wenn nicht das Heer der Hunderttausende
vornehmlich im sozialen Bereich, den zu definieren die Stichworte
Jugend, Alter, Sport oder Kultur aufruft, sich Tag für Tag, nicht
selten Nacht für Nacht, sich engagiert einbringt), Umwelt (*Er an-*
erkennt die Bereitschaft Umweltschutz zu praktizieren, umzuset-
zen als ein Stück eines Generationsvertrages gegenüber den nach-
folgenden Generationen um ihnen ihr Land, ihre Umwelt weniger
verbraucht, verschandelt und verseucht zu hinterlassen als die mitt-
lere Generation sie vorfand oder auch verursachte) oder schließlich Ladenschluß: *Sie stimmten zu Fuß ab, daß verkaufsoffene*
Sonntage ihre Erwartungshaltung ist – immer war Holtmann
auf dem Posten, das «Mark der Sprache» (R. Rothmann)
vor den Krebsgeschwüren der Gedankenlosigkeit und der
Faselei zu bewahren. Und unvergessen, unvergeßlich das,
was Winfried Holtmann zum Mega- und Metathema Zeit
zu sagen hatte, als hätte er geahnt, daß ihm nicht mehr

allzuviel davon bleibe: *Da kommt man doch ins Grübeln: Das kostbarste Gut in der hochtechnisierten Welt des Jahres 2000 (wir berichteten), ist die Zeit. Welche fragt sich da? ... Wie relativ ist denn der Begriff Zeit zu verstehen und zu verwenden? Zeit, 60 Sekunden, 60 Minuten, 24 Stunden ist also unser größtes Gut ... Gestern habe ich Zeit investiert (gearbeitet) so wie andere Redaktionsmitglieder bei Freibadbesuchen auch zusätzlich investiert, mir Zeit genommen, denn bei 14 angesprochenen Besuchern hatte ich die ungewöhnliche Trefferquote fünf beim Namen Schmidt, Schmitt, (zweifach) Schmid und Schmied. Ich pfiff auf die Zeit und gab erst bei Nummer 32 ohne weiteren Schmidt auf. Aber: Es war ein gutes Gefühl ein Stück Zeit, sprich Gut, verschleudert zu haben. Diese Aussage ist frei von Ironie ...,* frei von auch nur erahnbarem Sinn sowieso, hurra! «Die Zeitungen bringen Unruhe und Hitze herein» (Nicolas Born), aber was sollen wir müden Putzteufel jetzt noch im Freibad, wo kein Holtmann mehr seines und unseres Glückes Schmied (Schmitt, zweifach) ist. Und nie mehr sein wird; Ehre seinem Angedenken.

Und alle anderen könnten, sollten, müßten doch jetzt endlich einmal einpacken; oder etwa nicht?

Ich jedenfalls bitte darum.

Stefan Klein
Die Glücksformel

oder Wie die guten Gefühle entstehen
Experimente offenbaren, wie in unseren Köpfen das Phänomen «Glück» entsteht – und sie eröffnen zugleich neue Möglichkeiten, das Glücklichsein zu lernen. Denn Glück ist trainierbar.
rororo 61513

Expertenrat bei rororo
Glück, Zufall, Angst – und wie wir
ein gutes Leben führen können

Stefan Klein
Alles Zufall

Die Kraft, die unser Leben bestimmt
In einer zunehmend unübersichtlichen Welt scheint das Leben zum Spielball des Zufalls zu werden. Während Wissenschaftler früher vor dem Chaos im Universum erschraken, erkennen sie jetzt die schöpferische Seite des Zufalls.
rororo 61596

Borwin Bandelow
Das Angstbuch

Woher Ängste kommen und wie man sie bekämpfen kann
Wie kommt es, dass Menschen von Angst zerfressen werden? Borwin Bandelow informiert anschaulich darüber und stellt die wichtigsten Strategien gegen die Angst vor.
rororo 61949

Weitere Informationen in der Rowohlt Revue *oder unter* www.rororo.de

Bodo Mrozek
Lexikon der bedrohten Wörter

Brit, Lorke, Zeche: Manche Wörter erklingen ungeachtet ihrer Schönheit immer seltener. Aber warum verschwinden sie? Bodo Mrozek hat in seinem Bestseller einen Wortschatz zusammengetragen, dem das Schicksal des Aussterbens droht.
rororo 62077

Wort-Spiele bei rororo
Deutsch (nicht nur) für Besserwisser

Wolf Schneider
Wörter waschen

26 gute Gründe, politischen Begriffen zu misstrauen

Gleichheit, Fortschritt, Vorurteil, Naturschutz – schillernde, oft angestaubte Begriffe segeln durch die Politik und kanalisieren unser Denken. Auf seine unnachahmlich-pointierte Weise stößt Wolf Schneider Wortgötzen vom Sockel. rororo 62106

Jule Philippi
Wir müssen den Kindern mehr Deutsch lernen

Weise Worte aus Politik und Gesellschaft

Jule Philippi hat deutschen Politikern und Prominenten auf den Mund geschaut und die peinlichsten und dümmsten Stilblüten und Versprecher gesammelt. rororo 62079

Weitere Informationen in der Rowohlt Revue *oder unter* www.rororo.de